DOM PEDRO II NA ALEMANHA
Uma amizade tradicional

Dados Internacionais de Catalogação na Publicação (CIP)
(Câmara Brasileira do Livro, SP, Brasil)

Bragança, Dom Carlos Tasso de Saxe-Coburgo e
Dom Pedro II na Alemanha : uma amizade tradicional / Dom Carlos Tasso de Saxe-Coburgo e Bragança. – São Paulo : Editora Senac São Paulo, 2014.

ISBN 978-65-5536-335-7 [Venda internacional]

1. História do Brasil : História 2. Segundo Reinado 3. D. Pedro II : Monarquia Brasileira : História I. Bragança, Dom Carlos Tasso de Saxe-Coburgo e. II. Título.

1-187u CDD-981

Índice para catálogo sistemático:

1. Dom Pedro II na Alemanha : História do Brasil 981

DOM PEDRO II NA ALEMANHA
Uma amizade tradicional

Dom Carlos Tasso de Saxe-Coburgo e Bragança

Editora Senac São Paulo – São Paulo – 2014

Edição de Texto: Luiz Guasco
Preparação de Texto: Helô Beraldo
Revisão de Texto: Solange Guerra; Rogério Salles; Heloisa Hernandez (coord.)
Projeto Gráfico, Editoração Eletrônica e Capa: Fabiana Fernandes
Foto da Capa: Joaquim Insley Pacheco (1830-1912). Em *De Volta a Luz: Fotografias Nunca Vistas do Imperador*. São Paulo: Banco Santos; Rio de Janeiro: Fundação Biblioteca Nacional, 2003.

Sumário

Nota do Editor

A trajetória de d. Pedro II é marcada por um profundo interesse pela ciência, arte e cultura. Monarca de longo reinado, durante o qual promoveu grande estabilidade política e econômica, jamais deixou de estudar e, tanto quanto possível, ir à fonte dos assuntos que despertavam seu interesse, viajando ao exterior para travar conhecimento, pessoalmente, com intelectuais, artistas e cientistas.

D. Pedro II na Alemanha aborda as visitas feitas pelo imperador a um país cujos monumentos históricos e vibrante desenvolvimento técnico, científico e artístico o fascinavam, motivo por que sempre cuidou de aproveitar, ao máximo, o tempo durante essas viagens, a fim de recolher o maior conjunto possível de informações a respeito de diferentes temas.

Publicado pelo Senac São Paulo, este livro ressalta aspectos nem sempre lembrados da personalidade de um monarca que se destacou por sua erudição, sobriedade como governante e ética à frente de uma monarquia constitucional.

Tudo em Pedro II terminava no Brasil. Como príncipe herdeiro, nasceu para ele. Como imperador, viveu para ele. E no exílio era tal a nostalgia da sua terra que poucos anos de vida lhe consentiu. De modo que podemos, sem esforço, dizer que também morreu por ele.

Tristão de Athayde

(Em prefácio a Georges Raeders,
Dom Pedro II e os sábios franceses)

Introdução

São decorridos 120 anos desde que, num modestíssimo hotel de Paris, faleceu um dos homens mais ilustres do Brasil, d. Pedro II. Notável pelo muito que realizou em favor de sua pátria, pelo grande exemplo dado a seu povo e pelo código de honra com o qual pregou aos políticos de seu tempo, d. Pedro II criou uma civilização estimulada por sua ação pessoal e, em todos os setores da vida do país, deixou a marca de sua influência.

Personalização do homem democrático e simples, nunca em seu reinado alguém foi exilado ou condenado à morte. A liberdade de imprensa lhe era sagrada. Forreta foi, ao contrário, com o dinheiro público. Durante seu longo reinado, em nenhuma ocasião solicitou ou aceitou um aumento de sua lista civil, a qual empregava, em grande parte, em obras de caridade e no mecenato de talentos artísticos, que, no futuro, representariam glórias para o Brasil.

D. Pedro II desejava dar ao Império uma imagem cultural e de progresso que o fizesse sobressair diante das repúblicas que o cercavam. Nesse particular foi, sem dúvida, vitorioso. Com um espírito profundamente ligado aos pensamentos do século XIX, inseriu esse seu ideal também em sua pátria. Sabe-se muito sobre os contatos do imperador com os literatos e cientistas franceses – e sobre a influência que estes tiveram sobre ele –; contudo, muito ativa também foi a relação que d. Pedro II teve com os eruditos alemães, com os quais mantinha um intenso contato epistolar.

Nos arquivos da Biblioteca Nacional, do Museu Imperial e do Instituto Histórico e Geográfico Brasileiro (IHGB) , tem-se a prova da ampla correspondência trocada com as sumidades do mundo germânico. Seu interesse pelas ciências é testemunhado pela grande quantidade de títulos recebidos por instituições e academias, em particular alemãs e austríacas. Além da ciência, não fugiam a seu interesse os músicos alemães. Apoiou o Mozarteum de Salzburgo, na Áustria, a famosa Casa dos Festivais, em Bayreuth, e quis trazer Wagner para o Brasil.

Outro fator que também estimulava o interesse de d. Pedro II pela Alemanha era a crescente imigração proveniente daquele país e da Áustria, que estava dando ótimos resultados. Como dizia Gilberto Freyre, d. Pedro II havia compreendido

> o valor que representava para o Brasil a presença alemã por impôr no acréscimo à população brasileira, de europeus mais bíblicos, no sentido de melhor alfabetizados que os latinos; de instrução superior à de quaisquer outros colonos de origem igualmente europeia, podendo assim concorrer, mais do que esses outros colonos, para o desenvolvimento do Brasil através de novas técnicas, sobretudo agrárias, mas também através de perícias artesanais necessitadas igualmente pelo Brasil.
>
> Germânico, à maneira dos alemães pré-bismarkianos, dom Pedro II evidentemente se revelou, através do seu gosto pelas ciências e pelos estudos, ao mesmo tempo que nada de germânico, se tomarmos como tipicamente alemães os súditos de Guilherme I prussianizados em europeus rigidamente militares: ninguém menos marcial, menos militar, menos prussiano que o segundo imperador do Brasil (Freyre, 1987).

Até o fim da vida, considerou o estudo uma obrigação e seu alimento intelectual. Sua erudição pairava em todos os campos e sempre fez a pátria aproveitar desse seu saber. Justa era, portanto, sua curiosidade em visitar e conhecer países e personalidades que poderiam trazer alguma vantagem à sua terra. D. Pedro II alimentou esse desejo durante muito tempo. Atraíam-no todos os países europeus, mas especialmente a França, a Alemanha e a Áustria.

Em 1871, já reinava havia trinta anos e, havia quarenta, cingia a pesada coroa da maior nação sul-americana. Nesse momento, a situação política não recomendava sua ausência do país: uma guerra sangrenta havia acabado, e todas as suas consequências ainda estavam expostas.

Porém, seu coração de pai e avô cedeu. Em 7 de fevereiro daquele ano, havia falecido em Viena a querida filha, a princesa d. Leopoldina, duquesa de Saxe. A linda e bondosa jovem havia dado quatro herdeiros ao império: d. Pedro Augusto, d. Augusto, d. José e d. Luís, que representavam a esperança da continuidade dinástica e precisavam, agora órfãos, ser educados no Brasil. A imperatriz, por sua vez, também estava com problemas de saúde e, além disso, fazia 28 anos que não via sua família.

Durante essa viagem ao exterior, o visconde do Rio Branco encabeçaria o gabinete e, portanto, a princesa Isabel, inexperiente regente, seria, podemos dizer, uma figura simbólica à frente do governo. Assim, em 25 de maio de 1871, a bordo do Douro como um simples viajante e em absoluto incógnito, seguia para a Europa não um imperador, mas d. Pedro de Alcântara. Nas Câmaras, essa viagem causou certa discussão. A oposição havia proposto que um navio de guerra levasse o monarca, assim como havia oferecido um conspícuo fundo para as despesas. Ambas as ofertas foram imediatamente recusadas por d. Pedro II. Soube-se, mais tarde, que o soberano havia feito um empréstimo para realizar a viagem de caráter particular. Podemos dizer que d. Pedro de Alcântara inaugurou, oficialmente, as viagens pagas à prestação. Devemos salientar que, nessa primeira viagem, assim como nas viagens seguintes, muitos países foram visitados por ele. Uns rapidamente, outros com maior profundidade.

Considerados esses fatos, uma notável diferença nos aparece diante dos olhos, quando se veem os nossos políticos e dirigentes realizarem viagens às custas do erário, com a família, para localidades turísticas nacionais e estrangeiras.

Há trechos sobre essas viagens publicados por historiadores como Argeu Guimarães, Marquês do Santos, Heitor Lyra e Pedro Calmon. Na magnífica biografia do imperador escrita por José Murilo de Carvalho, há valiosas menções a episódios interessantes. Também os diários do imperador nos serviram de apoio, apesar do estilo telegráfico das anotações. D. Pedro II escrevia um diário extremamente definhado. Em sua posição, no entanto, ele não podia comentar determinados acontecimentos ou externar-se sobre pessoas. Tudo quanto dizia ou escrevia teria um reflexo e talvez, mais tarde, uma interpretação errônea.

Cabe-me, aqui, agradecer a todas as importantes instituições, assim como aos seus competentes e amáveis colaboradores, que nos prestaram uma eficiente assistência.

No Arquivo Grão-Pará, de propriedade do príncipe d. Pedro Carlos – que tem grande interesse por tudo o que se refere ao Brasil –, encontramos valiosos elementos. O arquivo do IHGB, o Arquivo Histórico do Museu Imperial e a Biblioteca Nacional forneceram-nos, igualmente, importantes subsídios. Já o arquivo da Fundação Krupp, em Essen, colocou a nossa disposição seu valioso arquivo fotográfico. Nos arquivos de Berlim, Munique e Viena, encontram-se parcos dados, por serem as viagens de caráter particular. A imprensa europeia também não deu muita atenção às visitas. São excluídos os jornais de Viena, que mencionavam o imperador pelo parentesco com a casa reinante e com os duques de Saxe-Coburgo.

D. Pedro II esteve cinco vezes no país de Goethe: em 1871; em 1876; em 1887; já mesquinhamente exilado e viúvo em 1890, e à procura de lenimento a sua doença, em Baden-Baden; e em maio de 1891, em Essen, para assistir ao casamento da filha do visconde de Nioac.

Parece-nos oportuno reviver essas viagens em homenagem ao ano Brasil-Alemanha, que foi celebrado em 2013 e que documentou uma antiga e tradicional amizade.

D. C. T. de S. C. B.

A PRIMEIRA VIAGEM (1871-1872)

Uma travessia aventurosa – do Rio de Janeiro a Lisboa

As malas estavam prontas, a comitiva estava escolhida.[1]

Era composta de quinze pessoas, inclusive alguns servidores. Às 8h30 da manhã do dia 25 de maio de 1871, o paquete Douro levantou os ferros. O navio foi escoltado por várias embarcações da armada, entre elas o Cruzeiro do Sul, o Santa Cruz, o cruzador Brasil e outras menores. Vários ministros e o bispo diocesano estavam a bordo do Cruzeiro do Sul e saudaram com ênfase os imperiais viajantes, que estavam na ponte de comando. Na passagem diante das fortalezas de Santa Cruz e São João, ouviram-se os 21 tiros de saudação.

O imperador estava olhando por um binóculo, com ar pensativo e preocupado. Pela primeira vez deixava o país por tanto tempo. A situação política estava instável e, como chefe de Estado, havia deixado uma jovem de 25 anos a representá-lo. O visconde do Rio Branco, por sorte, era uma pedra segura com a qual d. Pedro II podia contar, apesar do "Manifesto republicano" assinado em dezembro de 1870 por 56 pessoas, que, todavia, não impressionavam pela reputação.

---

1 A comitiva era composta por quinze pessoas, entre elas: Nicolau Antônio Nogueira Vale da Gama, futuro visconde Nogueira da Gama; Luís Pedreira do Couto Ferraz, futuro visconde do Bom Retiro; e o médico Cândido Borges Monteiro, futuro visconde de Itaúna.

A paisagem da saída da barra, uma das mais lindas do mundo, deve tê-lo deixado mais sereno.

Enquanto a imperatriz e os membros da comitiva tinham se retirado para suas cabines, o imperador, que ali queria ser somente d. Pedro de Alcântara, ainda estava conversando na ponte com o comandante e o primeiro-oficial. Soprava um vento frio de nordeste e o mar começou a engrossar. D. Pedro II anotou: "Tive de ir estudar os homens horizontalmente, contudo vomitei pouco. À noite ouviam-se crianças a chorar, ânsias de enjoados e arrastamento de cadeiras".[2]

Jogou muito o vapor e a água lavou sofrivelmente a tolda e entrou pelas escotilhas. Devem ter sido momentos bastante movimentados. O restaurante estava vazio e a comitiva havia desaparecido em suas cabines. Podemos imaginar as senhoras do séquito recolhidas a rezar o terço, combatendo o enjoo, confrontadas com uma experiência nunca imaginada. Estavam preocupadas com a imperatriz, mas ela, acostumada às travessias entre Nápoles e Sicília, parece que foi a menos afetada.

No dia seguinte, o vento amainou. O ambiente parecia estar mais alegre: "Já vou conhecendo a gente de bordo que enjoou quase toda ontem, rolando um inglês pela escada".[3]

D. Pedro II estava sentado na tolda, escrevendo. Anotou com certo orgulho que, antes da tempestade, havia visto o novo farol de Cabo Frio e o desenhou em seu diário.

O tempo sobrava; então, começou a anotar nomes de passageiros conhecidos, como Pais Barreto, Luís Filipe de Sousa Leão, entre outros. Também os desconhecidos eram observados. "Os louros (não são os papagaios), pelo contrário – louros e outros da mesma nuance –, são calados; os de cabelos pretos, castanhos, etc. – os portugueses sobretudo –, papagueiam que é um gosto para

2 Diário de d. Pedro II, Arquivo do Museu Imperial.
3 *Ibid.*

eles."[4] A imperatriz também escrevia na tolda, agradecendo cartas de familiares e enviando missivas de despedida.

No dia 28 de maio, a chegada à Bahia foi debaixo de chuva e vento muito fortes. "Custou a chegar ao arsenal da Marinha. A galeota é má e os remeiros péssimos. Têm fama de já ter virado", anotava d. Pedro II com certa apreensão.

A imperatriz não desceu do navio; estava adoentada e certamente o transbordo seria difícil. D. Pedro II ficou encantado, apesar da chegada borrascosa. "A recepção foi brilhante." Subiu a pé a ladeira de Conceição e, de carro, a Pilar. Grande devia ser a afluência do povo, mas d. Pedro não cita isso.

Parecia, por sua simplicidade, um turista qualquer, passeando e admirando a linda cidade. Tomou um bonde no Bonfim, "Companhia de veículos económicos", acompanhado pelo presidente Nicolau Carneiro, que foi submetido a um interrogatório, e o eminente viajante logo anotou que a companhia de bondes possuía 36 carros e duzentos animais, acrescentando: "Mas o meu [bonde] foi puxado a cavalos!".[5]

O bonde chegou até à baixa do Bonfim, de onde, puxado por uma locomotiva, seguiu para perto do mar de Itapagipe. Não podia deixar de visitar o principal santuário da Bahia. "Voltei ao Bonfim, subindo de carro a igreja, onde fiz uma curta oração."[6] Temos a impressão de que o imperador se divertiu e se sentiu, apesar de ser obsequiado, livre como um funcionário do Estado em férias.

Não sabemos se outras igrejas foram visitadas; deve tê-las conhecido em sua viagem anterior. Todavia, continuou anotando:

> Vim ao palácio que estava apinhado de pessoas importantes de todas as parcialidades.

---

4 *Ibid.*

5 Luís Aleixo Boulanger, *Viagem de Suas Majestades Imperiais na Europa – 1871-1872*, manuscrito.

6 Diário de d. Pedro II, cit.

> Achei quase todos os meus conhecidos mais grados [...] comi às pressas e às 5 horas e 20 minutos estava a bordo.

O Douro levantou as âncoras, e as fortalezas os saudaram com 21 tiros. Bem imaginamos com que velocidade se realizou essa visita, mas d. Pedro II ficou satisfeito por não ter encontrado problemas de ordem político-administrativa e por não ter sido submetido a um cerimonial oprimente.

Depois do jantar, "a orquestra de bordo tocava pessimamente". O mar estava calmo, pois o imperador ficou conversando como qualquer passageiro e achou que um cirurgião da armada portuguesa e o poeta Muniz Barreto lhe faziam "boa companhia".[7]

O mar continuava calmo e o vento enchia suavemente as velas. O inglês e o alemão de d. Pedro não deviam estar muito fluentes; assim, ele, o barão do Bom Retiro e o barão de Itaúna resolveram tomar aulas para aproveitar as intermináveis jornadas. Supõe-se que o mestre de inglês tenha sido Mr. Croskill:

> [...] assaz original e que por animar os enjoados, chamaram de consolador dos enjoados, [vestido] com traje de mau tempo e uma espécie de urso, mas amável e bom jogador de xadrez.
>
> Passeava com relógio na mão, pois segundo ele diz certo tempo de passeio é indispensável à sua higiene. Veio a pouco do rio Prata. Já barbarizei inglês com ele e hei de continuá-lo.[8]

Era dia 29 de maio e à distância via-se o farol de Maceió. Era uma noite clara de luar, e d. Pedro anotou: "Reparei para o Cruzeiro".

Vendo a luz pungente do farol, quase uma chamada, lembrou-se da viagem que fez às províncias do norte em 1859, em companhia da imperatriz, e das acolhidas na "mui nobre e sempre leal cidade de Penedo" e na bela capital de Alagoas. A cidade quis lhe mostrar

---

7 *Ibid.*

8 *Ibid.*

grandeza, dando faustosos bailes. Foram hospedados no palacete do futuro barão de Jaraguá, que havia sido guarnecido com um luxo digno de uma grande capital. Todavia, esses hipotéticos pensamentos foram interrompidos por Mr. Croskill, que "mostrou-se entendido em astronomia e falou-me em John Herschel,[9] que devo achar em Londres".[10]

No dia seguinte, chegariam ao Recife. D. Pedro II, que tudo observava, notou que um passageiro, que muito enjoava, desceu na Bahia. Em seguida, comentou: "Há também cobardia no enjoo, e quem a tem, sofre mais".[11]

Às seis horas do dia 30 de maio, avistaram Recife. Chovia. A imperatriz, vendo o balançar da galeota, ficou a bordo. D. Pedro II estava ansioso. "[Quis] entrar logo na galeota e machuquei a canela esquerda."[12]

A travessia até o cais foi movimentada. Assim que pôs os pés na terra, o ilustre viajante dirigiu-se à Igreja do Espírito Santo, onde ouviu a missa. Havia muita gente. D. Pedro II, durante o ofício religioso, ajoelhou-se e "o vigário capitular foi logo chamando a atenção do povo para o meu exemplo"; acrescentou: "não houve protesto".[13]

Naturalmente, a d. Pedro II interessavam mais as novidades administrativas e, assim, tomou um trem especial de Recife a Caxangá, acompanhado das autoridades locais. Depois, foi a vez da estrada de ferro Recife-Olinda-Beberibe. O tempo era extremamente escasso, mas conseguiu visitar a Faculdade de Direito, a mais antiga do Brasil, juntamente com a de São Paulo. Não podia deixar de visitar, também, o Colégio de Artes Mecânicas, e consta-

---

9 Sir John Herschel, filho do importante astrônomo alemão Guilherme Herschel, foi um astrônomo inglês. Nasceu em 1792 e faleceu em 1871. Realizou numerosas descobertas. Ao falecer, recebeu as honras nacionais e foi sepultado na Abadia de Westminster.

10 Diário de d. Pedro II, cit.

11 *Ibid.*

12 *Ibid.*

13 *Ibid.*

tou com satisfação: "Já tem 50 e tantos alunos".[14] Além das visitas, inspecionou a companhia de esgotos, que se situava perto da Fortaleza das Cinco Pontas. Por fim, foi ao palácio, onde encontrou muita gente. Após uma ligeira refeição, voltou a bordo. Logo que as personalidades que o acompanharam desceram do navio, o Douro suspendeu os ferros.

Além de outras observações sobre detalhes de administração pública e realizações do governo da província, encontramos, registrado em seu diário, o humor de um carioca: "Lá vai a anedota de bordo, dizia um português antes de chegarmos a Pernambuco: Oh homem! O Pará não nos fica no caminho? Qual? perguntava o outro. O Pará fica depois de S. Vicente."[15]

O imperador levantava-se cedo e deitava-se tarde. Ficava na tolda até perto da meia-noite. "Que lindo o céu. Ainda é o do Brasil."[16]

Certamente suspirou escrevendo essa frase em seu diário. Ele não obedecia a uma cronologia, e também encontramos frases de fatos que o tinham impressionado em dias anteriores. Anota, por exemplo: "parece que se pregaram no Recife pasquins injuriosos a mim. Não me importa! Fui bem acolhido, e melhor seria se não fosse a pressa e a chuva a princípio."[17] Os dias iam passando e d. Pedro II escrevia ou conversava com o comandante Waiter e com o primeiro-oficial Bruce, querendo melhorar seu inglês. Ele havia levado consigo, para "limá-la ainda mais", sua tradução homométrica da ode de Manzoni a Napoleão para "doá-la talvez a Manzoni em Milão".

Passaram perto de Fernando de Noronha, "última terra do Brasil que eu ainda vejo saudosíssimo."[18] D. Pedro II, armado de binó-

---

14 *Ibid.*
15 *Ibid.*
16 *Ibid.*
17 *Ibid.*
18 *Ibid.*

culo, examinava longamente a ilha em todas as suas direções. O Cruzeiro ainda estava alto e o imperador o observava a noite toda.

A imperatriz estava constipada e não podia sair ao ar livre. O barão de Itaúna teve sua febrícula e tomou acônito. Nota-se que o tédio o estava invadindo assim como a toda a comitiva. Nada acontecia, então d. Pedro II anotava também as coisas menos importantes.

Conversava com os mais variados passageiros, entre eles o barão de Tabatinga (Sousa Leão), que vinha de Pernambuco. A bordo estava igualmente um padre de Nápoles, Giuseppe Maria Regillo, que vivia há oito anos no Brasil, tendo sido vigário de Santa Bárbara, em São Paulo. Certamente o bom padre teve ocasião de falar com d. Teresa Cristina sobre sua terra de origem.

No dia 1º de junho, atravessaram a linha do Equador. Um calor insuportável reinou durante três dias, com uma absoluta falta de vento. Somente à noite puderam refrescar-se e admirar uma esplêndida lua cheia, refletida na imensidão do oceano. Os dias pareciam não passar, mas, conformado, o augusto viajante escreveu: "Ainda não me aborreci, mas que saudades do Rio".[19]

À noite realizavam-se danças a bordo, mas os cavalheiros estavam em minoria. O barão de Tabatinga estava procurando animar o serão. Estavam passando a 500 milhas de Serra Leoa e aproximando-se das ilhas de Cabo Verde. Finalmente, no dia 5 de junho, avistaram as ilhas de Cabo Verde. Primeiro, a ilha de Santo Antão com seu pico; e depois, São Vicente.

D. Pedro II, com seu binóculo, sondou as ilhas e, com entusiasmo, anotou que via também a de Santa Lúcia. Eram ilhas extremamente áridas, descobertas em 1462 pelo navegador português Diogo Gomes, no dia de São Vicente. Não tinham expressão econômica. São Vicente ficou importante pelos depósitos de carvão que os ingleses estabeleceram para abastecer os navios da rota atlântica. Nessa paragem, ele aproveitou para realizar diversos desenhos,

---

19 *Ibid.*

como o do forte de São Vicente e o da ilha dos Pássaros, tendo por fundo a ilha de Santo Antão. O Douro estava entrando na baía de Porto Grande e d. Pedro II lamentou não ver os "negrinhos" pularem na água para pescar as moedas jogadas pelos passageiros.

Como o Douro vinha do Brasil, o medo da febre amarela era muito grande. Foi imposta a quarentena e ninguém podia sair de bordo. A cena é anotada no diário imperial:

> Pouco depois da chegada vieram dois escaleres, um dos quais com o cirurgião da armada portuguesa residente em São Vicente. É gordo de cabelos longos anelados e vende saúde. Desceu o imediato e apresentou-lhe a carta de saúde como lemos pelo binóculo. Ansiedade geral! Disse-nos adeus e bandeirinha amarela içada. Estamos presos.[20]

Essa quarentena rigorosa foi imposta apesar de não estar doente nenhum dos trezentos passageiros e 120 tripulantes. D. Pedro II passou o dia descrevendo a paisagem e mencionando que a ilha de Santo Antão "habitada do lado de fora exportou no ano passado café no valor de 80 contos fortes".[21] Isto é, não podia fazer concorrência à imponente produção do Império.

Somente às 4 horas da tarde as autoridades portuguesas souberam da presença do monarca a bordo e "mandaram a sua congratulação com sobrescrito para o Senhor Imperador do Brasil e no qual dizem gira o sangue de meu pai nos meus canais arteriais e venais".[22]

Enquanto d. Pedro II olhava pelo binóculo a vila, identificando a residência do cônsul inglês Miller em cima do morro ao lado do forte, o Douro, reabastecido de carvão, levantou as âncoras às 6 horas da tarde. "Tomara já chegar a Lisboa! É muito mar e muito

---

20 *Ibid.*
21 *Ibid.*
22 *Ibid.*

céu!", anotava no dia seguinte, acrescentando: "É enfadonho ter de adiantar o ponteiro à medida que diminui a longitude ocidental".[23]

No dia 8 de junho, após ter passado novamente sobre um mar muito agitado, avistaram as ilhas Canárias. Às 7h45, o vapor içou sua bandeira e também o estandarte imperial, passando em frente de Santa Cruz, capital de Tenerife. Essa foi a única vez em que o imperador fez uso do estandarte imperial em todas as suas viagens.

D. Pedro II pediu ao comandante para passar o mais perto possível da ilha, pois queria ver bem a cidade com as belas construções. Com a regularidade e meticulosidade de um repórter, descreveu a vegetação e a formação vulcânica da ilha, os vários prédios e a fortificação de Santa Cruz, que, graças ao binóculo, conseguia identificar. Contou sete moinhos de vento. O Douro, desde que partiu de São Vicente, devia fazer ainda mais fumaça, pois o imperial repórter comentou: "O carvão recebido em São Vicente não é bom".[24]

À noite, como de seu hábito, d. Pedro II escrutava as estrelas, lamentando o desaparecimento do Cruzeiro do Sul. A "estrelinha polar" não o animava. A leitura, porém, era sempre sua ocupação principal, pois, como já dissemos, levava uma pequena biblioteca. Assim, anotava:

> Vou principiar o 2º volume da vida de São Bernardo. Tenho lido muitas outras coisas, sobretudo em relação a lugares vistos durante a viagem e fenômenos marítimos. Muito me tem servido uma enciclopédia publicada em 1868 que me deu de presente e mandou pôr a bordo o Dr. Guming da estrada de ferro.[25]

E como não podia deixar de ser, "já lhe encontrei faltas", comentou com ar severo de um mestre-escola.

O comandante também procurava distrair d. Pedro II e os outros passageiros. Foi anunciada, entre outras coisas, a rifa de um

23 *Ibid.*
24 *Ibid.*
25 *Ibid.*

papagaio. "Mas o bicho tinha morrido!"[26] Mostraram também, ao ilustre passageiro, as salas de máquinas. "Dizem que é de 500 cavalos nominais e 2.000 efetivos. São duas máquinas. Perto das fornalhas o calor é de 87° Fahr." Segue uma descrição dos dois potentes engenhos e da firma fabricante, dados esses dos quais se havia lembrado na descrição ouvida.

No dia 10 de junho, estavam à altura da ilha da Madeira, e o comandante mandou reduzir o ritmo das máquinas, a fim de chegarem de dia a Lisboa. Ao ver de longe o Funchal, a capital daquela ilha, o imperador deve ter-se lembrado de sua linda meia-irmã, a princesa d. Maria Amélia, que lá tinha falecido em 1853. Apesar de nunca a ter conhecido, d. Pedro mantinha com ela uma correspondência desde criança. D. Maria Amélia faleceu tuberculosa, com 22 anos de idade.

Com precisão, às 6h37 daquela tarde, escreve que d. Teresa Cristina tinha subido à tolda. Boulanger, que também fazia anotações, mas de caráter geral sobre a viagem, anotou o fato que o imperador, em sua simplicidade, menciona muito à margem.

> No dia 11 deu-se a bordo um fato que é aqui lugar de referi-lo. S.S.M.M. que durante toda a viagem jantaram na sua câmara particular, apenas soou o toque de jantar apresentaram-se no salão geral, tomando assento à mesa do comandante onde se achavam os oficiais de sua comitiva e jantaram em comum.
>
> Esta honra feita ao comandante e a mais de 400 passageiros produziu viva e agradável impressão. No fim do jantar o comandante em breve e expressivo brinde saudou o imperador agradecendo-lhe a honra; este brinde foi seguido de imensa aclamação aos augustos viajantes e do hymno brasileiro tocado pela música do vapor.[27]

---

26 *Ibid.*

27 *Viagem de Suas Majestades Imperiais na Europa – 1871-1872*, cit.

Estavam passando o cabo de São Vicente na ponta mais a oeste do Algarve. Os passageiros já estavam agitados. No dia seguinte, 12 de junho, estariam em Lisboa. O imperador conversou ainda até as 11 horas da noite, mas levantou-se à uma hora da madrugada para assistir à entrada no Tejo.

Devia estar emocionado e cheio de expectativa. Quantas coisas aconteceram desde que d. Pedro I havia deixado o Brasil, 40 anos antes. D. Pedro II tinha enviado mensagens a seu ministro, o doutor Miguel Maria Lisboa, o futuro Barão de Japurá, para que tomasse todas as medidas, a fim de que ele fosse tratado como um particular.

Esse desejo não se realizou.

Quando o Douro se achava entre os fortes do Bugio e de São Julião, deste último partiu a salva de 21 tiros de rito.

O tempo era magnífico, claro e sereno. O navio avançava majestosamente nas águas do Tejo, alcançando o Forte de Belém, lançando as âncoras em frente do convento dos Jerônimos.

Naquele momento o forte de Belém se embandeirou, salvando também com 21 tiros.

A corveta Estefânia, embandeirada, começou também a disparar 21 tiros. Deve ter sido um espectáculo extraordinário!

A primeira visita foi a da "saúde", que fez içar logo a bandeira amarela; isto é, decretar a quarentena.

Veio em seguida, a bordo, o comandante da corveta Estefânia, João Batista de Andrade, apresentando-se ao imperador para receber ordens. Boulanger descreve-nos a cena:

> O imperador acolheu o oficial com sua habitual delicadeza, e declarou em voz alta, que todos ouviram: que não tinha ordens a dar, e que não desejando nem de leve contrariar as disposições da legislação portuguesa, declarava que se submetia à quarentena imposta e não podia aceitar qualquer excepção que se fizesse a sua pessoa.[28]

---

28 *Ibid.*

Disse, então, o comandante "que para receber as suas majestades ahi se achava a corveta". Em vista dessa declaração, repetiu S.M.:

> [...] que não aceitaria a menor excepção, que saltaria em terra com todos os passageiros e com eles se recolheria ao Lazareto pelo tempo necessário.
>
> Ainda S.M. não tinha terminado a última palavra quando estrondosas vivas ao imperador do Brasil soarão em todo o vapor e repetiram-se com verdadeiro entusiasmo.[29]

Esse gesto de d. Pedro II foi apreciado também pela opinião pública portuguesa.

A chegada foi um suceder de acontecimentos e visitantes. Um dos acontecimentos foi a aproximação de uma galeota que trazia a Legação do Brasil e também o genro do imperador, viúvo de d. Leopoldina, o duque de Saxe. Este foi a Lisboa especialmente para receber seus augustos sogros. Os imperadores devem ter tido uma animada conversa com o genro, que não viam desde 1869, e relembrado a querida Leopoldina, seu trágico fim e o destino dos pequenos netos. Boulanger, que conheceu o duque ainda no Brasil, ficou impressionado com seu aspecto.

> Causa dó o estado do infeliz príncipe! Tem a fisionomia profundamente contraída e está notavelmente magro e pálido. Tanta foi a dor, tantas as tribulações porque passou o seu coração amargurado. S.A. passou para o vapor, abraçou o imperador e a imperatriz, declarando que se submetia também à quarentena para ficar na companhia deles.[30]

Sobre os visitantes, os primeiros que vieram foram o rei d. Fernando com seu filho, o infante d. Augusto, que d. Pedro II recebeu

29 *Ibid.*
30 *Ibid.*

ao fundo da escada e com os quais conversou longamente. Em seguida, veio o rei d. Luís e a rainha Maria Pia, ministros "dos quais o Ávila pareceu-me um pouco embófia".[31] Vieram, também, colegas de combate de seu pai, como o marquês de Ficalho, que acompanhara d. Pedro I no cerco do Porto. D. Pedro II deve ter ficado emocionado; ele anotou:

> custou-me a desvencilhar-me das cerimônias, mas tudo correu bem e por fim ainda tornei a falar ao Lisboa dizendo-lhe que nada mudava nas minhas resoluções [de querer viajar como pessoa privada] e às 10 vim para cá no escaler do Estefânia com seu comandante o Batista de Andrade. Estou no Lazareto uff![32]

Conforme era seu hábito, inspecionou logo a construção. "Pareceu-me um excelente edifício. Sobe-se a essa espécie de palácio por diversos lanços de escada com 52 degraus e rampas. A vista é belíssima."[33]

Assim que d. Pedro II se instalou, começou a escrever suas impressões em seu diário. "Vi uma fotografia dos meus netinhos que estão lindíssimos. Como o José lembra sua mãe! Escrevo numa sala onde estão pintados meu pai – que retrato! – e outros homens notáveis do Portugal."[34]

Convém, aqui, transcrever a carta que o duque de Saxe endereçou à mãe, princesa Clementina, relatando a chegada dos sogros e a estadia no Lazareto. Nota-se a grande emoção e o abatimento no qual se encontrava o viúvo de d. Leopoldina. Essa morte inesperada e rápida perturbou-o profundamente.

---

31 *Ibid.*
32 *Ibid.*
33 *Ibid.*
34 *Ibid.*

Chegando a Lisboa, hospedei-me no Hotel Central, onde se está muito bem. Depois estive com o Ministro Lisboa, que foi muito amável e me obrigou a morar em sua casa. Depois visitei todas as Majestades. A pobre Imperatriz é muito mudada e foi gentil como sempre. O tio Fernando foi encantador. O rei Luis quis hospedar-me e eu recusei. Jantei com o tio Fernando que me apresentou a condessa d'Edla. Ela é amável, fala bem em três línguas, é extraordinariamente simples e vê-se bem o que era antes.

No dia 12 de manhã chegou o meu sogro de boa saúde. Minha sogra está terrivelmente mudada a pobre mulher; que triste reencontro e momento para mim e para ela. Quanto mais eu a vejo, mais a perda [de Leopoldina] me abala. O imperador e a imperatriz declararam-me também que vamos ser desinfetados e transportados juntos ao Lazareto de quarentena, onde ficaremos oito dias desde que não se encontre nenhum doente a bordo.

Nós somos trezentas pessoas numa grande casa. Cada um tem o vão e tudo é circundado por enormes muros de pedra onde estamos como tigres em gaiolas, pois tem guardas em toda parte. Estes fecharam todos os nossos objetos numa máquina [sic]. Quando se vai falar com uma visita se é numa grande jaula, com grades de ferro e a 20 pés de distância existe uma outra *box* parecida com a primeira, na qual se encontram os visitantes. Tem-se que suportar uivos horríveis para entender-se reciprocamente. É muito cómico. Todo mundo come junto numa enorme mesa e a cozinha deixa a desejar. À noite escuta-se uma música muito boa. O imperador vai viajar dia 20 para Londres e eu o acompanharei até lá, voltando para Viena onde estarei dia 1 de julho.

A época na qual meu sogro estará em Viena ainda não está fixada. Existem dois planos: um é estar dia 15 de agosto em Coburgo e dia 25 de setembro em Viena. O segundo programa seria estar a 9 de setembro em Coburgo e a 2 de outubro em

Viena. O imperador, que viaja incógnito, não aceitou a hospitalidade do rei do Portugal, indo para o Hotel.[35]

Mesmo "engaiolado", d. Pedro II estava contatando várias personalidades, que desejava ver antes de deixar Portugal. Como já dissemos, d. Pedro II analisava e observava intensamente as pessoas, e anotava seus juízos no diário. Assim ele classificou os reis de Portugal:

Vieram o Luis e o Fernando ao parlatório particular de baixo e conversei sobretudo com este [Fernando] muito tempo. O Luis não me agrada de fisionomia e modos. O Fernando é muito fanhoso e lento na fala, porém o seu olhar revela a inteligência que se descobre melhor na conversa.[36]

O infante d. Augusto também não escapou à crítica do imperador: tinha a voz do pai e a testa muito estreita. Todavia, achou lindíssimos os filhos do rei, entre estes o futuro rei d. Carlos.

No dia 13 de junho, ouviram-se os foguetes e o eco dos festejos de Santo Antônio. A cidade toda estava em júbilo, e as visitas sucediam-se com uma intensidade cada vez maior. A imperatriz conversou com o genro e apreciou os muitos retratos dos netos, trazidos de Viena. Ela conhecia os três mais velhos, pois haviam nascido no Rio e em Petrópolis. O último, d. Luís, nascera no Castelo de Ebenthal, perto de Viena, e tivera como padrinhos o rei d. Luís e o conde d'Eu.

Dom Pedro continuava as suas indagações com o arquiteto Posseidónio, conversando sobre monumentos, dizendo-lhe ter criado um museu arqueológico e que não se sabe bem onde

35 Duque de Saxe à Princesa Clementina, Lisboa, 14 de junho 1871, A.C.V.

36 Diário de d. Pedro II, cit.

estão as cinzas de D. Maria I na Estrela, o caixão não coube no mausoléu que se fez, o qual indica que não o contém.[37]

O núncio veio visitar o imperador, com o qual deve ter tido um longo colóquio. Achou-o "muito risonho e esperto, que não se saiu de querer [sic] sustentar que as ideias liberais são incompatíveis com a ordem, falei-lhe segundo o que penso e, sempre com respeito e estima, que eu tenho pelo Papa".[38]

Muito interessou ao imperador a visita do ministro da Alemanha, o conde de Brandemburgo, sobretudo porque era um letrado que apreciava muito Castilho. "Por fim apareceu o Herculano que logo reconheci pela fotografia que me mandou. Tratou-me como amigo. Ele falou com muita moderação. Descrê de Portugal sobretudo pela falta de religião e [pelo] péssimo clero."[39] Devem ter tido uma longa e detalhada conversa, vendo-se as várias anotações no diário imperial.

No dia 20 de junho, finalmente, foi levantada a quarentena. Com a fragata Estefânia, os imperadores e o duque de Saxe foram levados até o Terreiro do Paço. O imperador dirigiu-se, logo depois de se instalar no Hotel Bragança, ao Palácio das Janelas Verdes, para cumprimentar a imperatriz d. Amélia, a muito estimada madrasta que havia visto apenas quando criança. Durante os quarenta anos de distância, mantiveram um contato epistolar intenso, como o demonstram as quatrocentas cartas da madrasta a d. Pedro II, conservadas no Arquivo Imperial. Apesar de d. Amélia estar acamada, o imperador ficou comovido com o reencontro; porém, com sua maneira discreta, anotou apenas a seguinte frase: "Chorei de alegria e também de dor, vendo minha mãe tão carinhosa para mim, mas tão avelhada e doente. Muito me agradou a Baronesa Stengel pelos seus modos".[40]

---

37 *Ibid.*
38 *Ibid.*
39 *Ibid.*
40 *Ibid.*

A baronesa Stengel era a fiel dama de companhia da imperatriz e a assistiu até sua morte, em 1873.[41] Depois de visitar a madrasta, d. Pedro II foi a São Vicente de Fora rezar nos túmulos do pai, da irmã d. Maria II, de d. Maria Amélia e de d. Pedro V. "Não souberam dizer-me onde estava meu avô [D. João VI]".[42]

A visita à madrasta foi boa e d. Pedro II aproveitou, guiado pelo rei d. Fernando, para conhecer os principais monumentos de Lisboa. Não deixou de ver no Rossio a estátua do pai. "Descobriu-se e cotejou reverentemente o monumento dedicando-lhe alguns momentos de contemplação."[43]

No dia 21 de junho, passando das 6 horas da manhã, d. Pedro II, novamente em companhia de seu cunhado d. Fernando, deixou o Hotel Bragança e dirigiu-se a pé à estátua de Luís de Camões, onde depôs uma coroa de flores. Feito isso, partiu, sempre a pé, para o Palácio das Necessidades.

Depois do almoço, o imperador visitou a Escola Politécnica. Não estando os monarcas em viagem oficial, com grande dificuldade aceitaram um jantar oferecido por d. Luís e d. Maria Pia no Palácio da Ajuda. Como foi um jantar íntimo, e talvez estritamente familiar, não sabemos os nomes dos participantes. Esse dia encerrou a primeira visita à capital portuguesa.

Na manhã do dia 22 de junho, seguiram, via Espanha e França, para a Inglaterra, embarcando na estação de Santa Apolónia, para regressar oito meses mais tarde.

---

41 A baronesa Carolina von Stengel nasceu em Munique no dia 8 de outubro de 1823. Foi dama de companhia da imperatriz d. Amélia durante vinte e três anos. Faleceu na mesma cidade em que nasceu, no dia 18 de março de 1904. D. Amélia recebia muitas visitas, no entanto, a baronesa von Stengel fez as seguintes anotações em seu diário: "Muitas vezes vinham altas personalidades em visita à Corte de Lisboa, sobretudo parentes Coburgo. Também os filhos da Rainha Vitória, então príncipes ainda muito jovens, vieram visitar os seus primos. A visita sem dúvida mais interessante foi a do imperador dom Pedro do Brasil, enteado da Imperatriz, e de sua consorte, nascida princesa das Duas Sicílias [...]" (Bragança, 2009, p. 68).

42 Diário de d. Pedro II, cit.

43 *Ibid.*

Uma longa marcha – de Portugal à Alemanha

Em Santa Apolónia, o rei d. Fernando, o rei d. Luís e o príncipe d. Augusto, com seus ajudantes de campo, apareceram para as despedidas. Não houve cerimonial. O imperador e a imperatriz, ajudada pelo duque de Saxe, tomaram assento, satisfeitos em terem superado bem a primeira etapa.

A viagem corria tranquila e o trem chegou às 5 horas da tarde a Badajoz, na fronteira espanhola. Estava formado um corpo da polícia, e logo veio o governador civil e o capitão-general do distrito, que se puseram às ordens do imperador. O rei da Espanha também enviou dois ajudantes de ordens. D. Pedro II respondeu-lhes que não tinha ordens a dar, que viajava debaixo de rigoroso incógnito, e agradeceu muito a bondade do soberano, explicando que a viagem era de caráter particular. Enquanto o trem era reabastecido, aproveitaram para ver a cidade, chamada também de a "Chave de Portugal".

Viram a famosa torre octogonal de Espantaperros, o Alcázar, antigo palácio dos dominadores árabes. No centro da cidade, encantou-os a Praça de Espanha, com o imponente palácio municipal, e a Catedral de San Juan. Jantaram na estação e às 8 horas da noite foram dormir nos leitos dos vagões. Às 5 horas da manhã, o trem pôs-se em movimento em direção a Madri. Viajaram o dia todo e jantaram na estação de Villa Real.

Em Madri, ficariam de 24 a 25 de junho. O tempo era escasso. Conseguiram visitar algumas alas do Museu do Prado e deram uma volta no centro da cidade. O rei da Espanha, Amadeo I, príncipe de Saboia, mandou pedir dia e hora para visitar o imperador, mas este agradeceu, pedindo-lhe para adiar o encontro para a volta de sua viagem. Essa foi uma resposta no limite da cortesia, e não sabemos como foi recebida pelo rei. D. Pedro II, todavia, encontrou tempo para participar de uma sessão da Real Academia Espanhola em sua honra.

Partiram às 5 da tarde do dia 25 de junho em direção à França, chegando às 11 horas do dia seguinte em Handay, cidade de fronteira do País Basco francês. Naturalmente, veio o prefeito cumprimentá-los e a pôr-se às ordens. Parece que nessa cidade se uniu ao grupo viajante o conde de Gobineau, já velho conhecido de d. Pedro II e ex-ministro da França no Brasil.

Em Bayona, encontraram-se com o infante d. Sebastião, cunhado da imperatriz e primo de d. Pedro II. O infante, filho de d. Pedro Carlos e da infanta d. Maria Teresa, filha de d. João VI, nasceu no Rio de Janeiro. Teve uma vida agitada durante a guerra carlista na Espanha e era um artista e grande colecionador de arte. Na época do encontro, d. Sebastião estava exilado da Espanha e vivia em Peau, localidade próxima a Lourdes. Nos dias seguintes, passaram por Bordeaux, Poitiers, Mans e Versailles, onde foram recebidos por Thiers, então chefe do executivo.

A França ainda estava ocupada pelas tropas prussianas e, portanto, a situação do país era muito instável. Napoleão III tinha caído após a derrota de Sedan e, em Versalhes, o rei Guilherme da Prússia havia-se proclamado imperador da Alemanha, em janeiro daquele ano. Uma humilhação que a França nunca perdoou. Após várias manifestações e atenções das autoridades francesas, foi a vez de os comandos alemães se manifestarem a serviço do imperador. Este, que já devia estar cansado de "defender-se" de tantas manifestações e atenções, com delicadeza defendeu, novamente, seu incógnito.

D. Pedro II, a imperatriz e o séquito tomaram as carruagens e se dirigiram a Paris, hospedando-se no Hotel Inglaterra, situado à margem esquerda do Sena, justamente no lado ocupado pelo exército prussiano. Perto do hotel, encontrava-se um batalhão prussiano; por isso, a rua estava vazia de povo. Assim que d. Pedro chegou, aproximou-se dele o general Tresckow[44] em uniforme, com seu estado-maior, e pôs-se à disposição do viajante imperial. Com amabilidade e habilidade, d. Pedro II recusou o oferecimento e, em seguida, o alto oficial e seus ajudantes se retiraram.

A passagem de d. Pedro II por Paris foi seguramente um acontecimento histórico interessante e triste ao mesmo tempo, pois ele não era um militarista, e sim um admirador da cultura francesa. Antes do jantar, o imperador já tinha visitado a catedral de Notre-Dame e outras igrejas. Com uma energia invejável, após a refeição saiu com o duque de Saxe, o barão de Itaúna e Nogueira da Gama para observar os edifícios, e entretiveram-se em frente ao Palácio da Justiça. No caminho de volta ao hotel, viram a bela estátua de Corneille no meio da ponte sobre o Sena e, às 11 horas da noite, o imperador ainda se encontrou com o irmão da imperatriz e sua esposa, o conde e a condessa de Trápani, que tinham ido a Paris especialmente para vê-los.

Na manhã seguinte, às 6 horas, a comitiva imperial tomou o trem para Calais, onde embarcaram para Dover. Felizmente, o canal estava calmo: fizeram a travessia em uma hora e meia e chegaram à Inglaterra às 16 horas.

Uma verdadeira massa de gente estava à espera da comitiva. Seria longa a lista de presentes na recepção, mas vale citar que dentre eles estavam, em primeira fila, todos os membros da Legação do Brasil e de Portugal, muitos embaixadores, a irmã de d. Pedro II, d. Januária, com o marido, o conde d'Áquila, membros da família Orleans e o duque de Saldanha. Bem imaginamos que

44 Udo von Tresckow general e nobre prussiano, nascido a 7 de abril 1808 e falecido a 20 de janeiro 1885. Distinguiu-se na guerra contra a França e recebeu a "Ordem do Mérito".

essa massa de gente não tenha sido vista como um deleite para a imperatriz, já cansada da viagem.

Seguiram todos para Londres, chegaram no fim da tarde à estação de Charing Cross e dirigiram-se ao Claridge Hotel. No dia seguinte, às 6 horas da manhã, o imperador foi logo dar um passeio em Grosvenor Square.

A estadia em Londres foi a mais movimentada e expressiva, não somente pela visita aos esplêndidos edifícios, parques e à Exposição Universal, mas também pelos contatos que o imperador fez com as mais variadas personalidades. Convém notar que, após a Questão Christie, a visita do imperador da grande nação sul-americana tinha um significado especial para os ingleses.

Outro fator que merece ser mencionado é que pela primeira vez, após 28 anos, d. Pedro II se reunia com suas duas irmãs, d. Januária e d. Francisca. Que grande emoção deve ter sido se reencontrar depois de tantos anos! Os cabelos tinham branqueado, muito tinha acontecido, mas o amor fraterno continuava o mesmo. Uma pessoa que d. Pedro II deve ter se interessado bastante em conhecer melhor foi Clementina, princesa de Salerno, irmã mais moça de sua mãe, a imperatriz d. Leopoldina. A imperatriz também viveu momentos de grande emoção ao rever alguns irmãos com os quais podia falar o italiano timbrado pelo acento napolitano. Além das irmãs, irmãos e tios, um “enxame” de membros da família Orleans rodeava os imperiais viajantes, encabeçado pelo príncipe de Joinville e pelo duque de Nemours, que estavam exilados na Inglaterra desde 1848, com a queda do pai, o rei Luís Filipe, e encontravam-se praticamente sem função.

A estada de d. Pedro II em Londres e na Escócia mereceria uma obra à parte. Não podemos deixar, todavia, de mencionar os contatos com a rainha Vitória, pois merecem ser reproduzidos integralmente pela redação do cronista Boulanger:

> No dia 4 de Julho, S.S.M.M. e as pessoas de sua comitiva visitaram a Rainha, que se achava em Windsor, acompanhada

> pelos Príncipes Leopoldo, Arturo e Christiano, e pelas Princesas Alice e Helena, além das damas e cavaleiros de serviço.
>
> A Rainha recebeu o Imperador e a Imperatriz com as mais vivas demonstrações de afeto e cordialidade, entretendo-se com eles por algum tempo acerca de diversos objetos. No fim desta conversação, o Imperador apresentou à Rainha seus camaristas Nogueira da Gama, Barões de Bom Retiro e de Itaúna, aos quais S.M. britânica dirigiu algumas perguntas cheias de amabilidade.
>
> Para que nada escape, cumpre saber-se que S.S.M.M. foram pelo caminho-de-ferro acompanhadas por Lord Grenville, e que, ao se apearem na estação competente que se achava repleta de povo, foram recebidas bem como os membros de sua comitiva em carros da Casa Real.
>
> Terminada a visita e feitas as despedidas de estilo, S.S.M.M. foram recebidas em novos carros, em que percorreram todo o parque, demorando-se antes quase uma hora no admirável monumento, onde repousam as cinzas do Príncipe consorte da Inglaterra.[45]

No dia seguinte, à tarde, a rainha foi visitar os imperadores no Claridge Hotel.

> [...] sendo acompanhada pela Duquesa de Roxburgh e Mr. Strapford e pelo Coronel Henry Porsonby, seu secretário privado, e o Coronel de Ros, seu estribeiro.
>
> A visita da Rainha foi de ¾ de hora no fim da qual S.M. [britânica] recebeu da sobredita Duquesa uma caixa que levava e dela tirou por sua mão as insígnias da ordem da Jarreteira, colocando ela mesma no peito do Imperador a respectiva Grã-Cruz.[46]

45 *Viagem de Suas Majestades Imperiais na Europa – 1871-1872*, cit.
46 *Ibid.*

Esse foi mais um curioso primado que nosso imperador conseguiu. Nunca um chefe de Estado sul-americano recebeu a Ordem da Jarreteira e ela nunca havia sido concedida em um hotel. A Grã-Cruz é a maior condecoração inglesa e é constituída de um só grau – portanto, a definição de Grã-Cruz é imprópria. Essa tradicional insígnia é sempre entregue em uma faustosa cerimônia na Capela de São Jorge, que fica no castelo de Windsor.

As gentilezas da rainha não se limitaram à visita e à condecoração. Ela ainda convidou o casal imperial para um lanche em Osborne, uma de suas residências prediletas, no dia 18 de junho:

> À uma hora da tarde, o yacht-real "Albert" sob o comando de S.A.S. o Príncipe de Leiningen, como capitão e do comandante D. N. Weloh, saiu de Portsmouth com destino a Osborne, levando a bordo S.S.M.M.I.I. O imperador e a imperatriz demoraram em Osborne com a rainha até as 4 horas da tarde, lanchando em companhia da família real.
>
> S.S.M.M. voltaram de Osborne e desembarcaram em Portsmouth no arsenal de marinha às 4.30 da tarde, sendo acompanhados até ao ponto de embarque pela princesa real da Prússia e pela princesa Luísa, seguidas da Duquesa de Roxburgh e do Coronel Danley de Ros.[47]

No dia 8 de julho, d. Pedro II visitou a sinagoga de Upper-Berkley Street, acompanhado por Nogueira da Gama. Essa visita causou uma certa surpresa no mundo oficial. A simpatia e o interesse que o imperador tinha pela religião e cultura judaicas é coisa sabida, e ele sempre visitava sinagogas em suas viagens. Boulanger relata-nos, em poucas palavras, o acontecimento:

---

47 *Ibid.*

> Durante uma pausa das rezas [o Imperador] foi conduzido pelo presidente Sr. Barnett-Meyers no banco, ocupado pelos anciães no centro do edifício.
>
> À entrada do imperador, toda a congregação se levantou, o ministro entoou a especial bênção prescrita aos Judeus quando veem um soberano reinante: "abençoado sejas tu oh Rei dos Reis que destes uma porção da tua glória à carne exangue."
>
> A leitura da lei foi seguida da oração usual, que é aplicável em benefício do género humano.
>
> Produziu grande impressão o ter S.M. apanhado um livro e lido corretamente o hebraico. A visita do imperador à sinagoga central foi a primeira que até hoje haja tido lugar em Inglaterra, de um soberano reinante à uma sinagoga durante o serviço divino.[48]

Aos ingleses, o senhor com longas barbas, simpático e democrático, devia fazer uma curiosa impressão, pois os monarcas e membros das casas reais vestiam o uniforme de um dos regimentos dos quais eram comandantes em chefe. Além de Londres, visitaram Liverpool, Manchester, Oxford, Birmingham e Birkenhend, onde foram construídos os couraçados Bahia, Mariz e Barros.

Antes de deixar Londres, d. Pedro II mandou comprar vários relógios de ouro, que foram enviados ao comandante do Douro, aos oficiais de bordo e ao maquinista com a inscrição: "Oferecido por D. Pedro de Alcântara – vapor Douro – 12 de Junho de 1871".[49] Esse gesto deve ter causado um grande contentamento, e demonstrou sua gentileza, ao contemplar até o maquinista.

No dia 24 de julho, a comitiva imperial chegou a Edimburgo e se hospedou no Royal Hotel. D. Pedro II ficou encantado com a Escócia. Dentre as visitas que fez, destaca-se o encontro com a bisneta de Walter Scott, em Abbotsford, que lhe mostrou com grande

48 *Ibid.*
49 *Ibid.*

cordialidade a casa de seu bisavô, fazendo-o sentar-se em sua poltrona e apoiar-se na mesa onde escrevia o grande romancista. Walter Scott foi encontrado poucas horas antes de morrer debruçado na mesa sobre um papel em branco, com a pena na mão. Estava chorando pelo desgosto de constatar que seu cérebro, antes tão fértil de imaginação, estava agora inutilizado pela doença. Na despedida, a amável moça entregou ao imperador um manuscrito, que tratava do Cerco de Malta, autografado pelo romancista.

Antes de deixar a Escócia, que tanto apreciou pela genuinidade e simplicidade das pessoas, ainda procurou *sir* William Thomson, futuro lorde Kelvin, famoso físico e matemático, professor da Universidade de Glasgow,[50] autoridade em cabos submarinos. D. Pedro II o convidou a visitar o Brasil para examinar a implantação do cabo telegráfico submarino ao longo do litoral brasileiro, iniciativa do monarca.

No dia 11 de agosto, chegaram a Londres e se hospedaram no Claridge Hotel, onde jantaram com os condes d'Áquila e o duque de Saxe. No dia seguinte, às 7 horas da manhã, começou a partida para o continente. A comitiva já estava dando sinais de cansaço, mas a viagem continuava com ritmo férreo. Foi impressionante o número de fábricas, oficinas e estaleiros navais visitados em poucos meses. À noite, em Dover, embarcaram no Comtesse de Flandres, um vapor da Mala Real, em direção à Bélgica.

Chegaram às 3 horas da madrugada em Oostende, ocupando aposentos no Hotel du Commerce. O descanso durou pouco. Às 11 horas da manhã, apareceu o rei belga com um ajudante de campo; contudo, d. Pedro II já havia saído do hotel e, assim, o rei voltou à 1 hora da tarde e levou, em seu carro, os imperadores para a estação de trem. Partiram para Bruges, onde jantaram no Hotel de

50 William Thomson, lorde Kelvin, nasceu em Belfast, em 1824, e morreu em Largs, em 1907. Dedicou-se, sobretudo, ao estudo do calor, do magnetismo terrestre e da eletricidade. Seus importantes estudos sobre a energia solar e a compressão constituem trabalhos de primeira ordem e, entre suas descobertas, é importante citar a do eletrômetro e a do galvanômetro de espelho.

Flandres, e seguiram no mesmo dia para Gand, onde se hospedaram no Royal Hotel.

Quando chegaram à Antuérpia, à tarde, d. Pedro II e seu camarista, Nogueira da Gama, visitaram a catedral, a biblioteca, as fortificações e a pinacoteca, que abriga uma rica coleção de pinturas flamengas. Na galeria central, havia diversos participantes do Congresso Internacional de Estatística, que estava sendo realizado naquele mesmo edifício. A convite do presidente, d. Pedro II foi assistir ao início dos trabalhos. Temos de lembrar que o imperador conhecia grande parte dos participantes pelo nome e por suas obras; então, as citou e as discutiu com os presentes, pois discordava de certas teorias em diversos pontos. Os participantes do congresso ficaram admirados com a força da inteligência e a notável memória do monarca.

Seguiram, à noite, para Bruxelas e se hospedaram no Hotel Bellevue. O imperador, se não visitava fábricas, igrejas, museus, visitava institutos de ciência ou de história ou se encontrava com sábios. No dia 15 de agosto, d. Pedro II visitou as várias salas de exposição da rue de Vénus, onde estava sendo aberta a segunda sessão do Congresso de Ciências Geográficas. O imperador foi convidado por uma deputação a assistir às apresentações do congresso e aceitou o convite com grande prazer. Acomodaram-no em um lugar de honra e ele logo tomou a palavra, exprimindo sua satisfação em se encontrar naquele importante congresso. Declarou ser membro das sociedades congêneres de Londres e Paris, e que era uma grande satisfação encontrar ali diversos membros daqueles silogeus. Presidia a sessão o almirante Onmondy, membro da sociedade de Londres.

No dia seguinte, d. Pedro II ofereceu um almoço e um jantar no hotel em que estava hospedado. No jantar, estavam presentes, entre outros, o conde de Trápani e o rei de Nápoles, Francisco II, exilados da Itália. Francisco II era casado com a princesa Maria Sofia da Baviera, irmã da imperatriz Elisabeth da Áustria.

Após o jantar, realizou-se, ainda no hotel, uma grande recepção para que recebessem os cumprimentos do corpo diplomático, de altos funcionários, dos dignitários da Casa Real e de todos os brasileiros residentes em Bruxelas. O incansável monarca foi visitar, após a recepção, o observatório astronômico, e lá ficou durante duas horas.

Em 17 de agosto, o imperador foi visitar o local onde ocorreu a Batalha de Waterloo. Após o almoço no hotel, foi a vez de ir à Escola de Agricultura de Gand, a qual o imperador examinou nos mínimos detalhes. No meio da tarde, ele desembarcou na estação de Luxemburgo, onde o esperava o senhor Ansbach, burgomestre de Bruxelas. Ele levou o imperador para ver o grande bulevar que se encontrava em construção e que hoje conhecemos como Boulevard Louise, em homenagem à esposa do rei Leopoldo I, filha do rei Luís Filipe dos franceses. Seguiu-se a visita à casa de repouso Sainte Gertrude, e o monarca ficou encantado com a excelente direção, com os impecáveis serviços e, especialmente, com o sistema econômico adotado, que permitia o sustento completo de cada idoso asilado, que tinha de pagar um insignificante contributo.

Leopoldo II, homem de grande visão no campo econômico, já tinha estendido seu interesse sobre a África, e o evidenciaria com a criação do estado congolês. Seu interesse pelo Brasil concentrava-se sobre a região da Amazônia, onde se encontrava a *Hevea brasiliensis*, da qual se produz o ambicionado látex. Não sabemos se, nos encontros com o rei dos belgas, o mesmo tenha abordado diretamente esse assunto com o imperador. O que parece é que o rei enviou, em segredo, para sondar o grande território amazônico, oficiais do exército com experiência na África, como o coronel Thys. Corria voz que muitos dos enviados viajaram como missionários, exploradores viajantes ou cientistas. D. Pedro II deve ter manobrado com argúcia e diplomacia eventuais avanços de Leopoldo no sentido de uma “colaboração” belga em terras brasileiras.

A visita a Bruxelas foi coroada com um jantar de gala oferecido pelo rei dos belgas, que veio buscar pessoalmente os soberanos no hotel e os conduziu ao Palácio de Laeken. Durante toda a permanência dos soberanos do Brasil, Leopoldo II mostrou-se de uma gentileza cativante. A amabilidade de Leopoldo II deve ter sensibilizado o imperador, que sempre teve admiração pelo pai, o rei Leopoldo I, por sua habilidade política e pela retidão na Questão Christie.

A Alemanha estava se aproximando, mas o imperador quis saborear ainda os últimos momentos que lhe restavam em terras belgas. Na manhãzinha do dia 18 de agosto, partiram de Bruxelas, chegando a Serainge, dirigindo-se logo às grandes oficinas da sociedade Cockerill, onde foram recebidos pelo diretor Sadaine. O imperador percorreu as oficinas durante duas horas, mostrando o mais vivo interesse em todas as repartições. Talvez estivesse acompanhado de um dos "barões", como costumava chamar Itaúna e Bom Retiro. Supõe-se que a imperatriz e as várias damas estivessem, entretanto, acomodadas numa das salas da casa do diretor. Almoçaram todos com o senhor Sadaine, em sua residência. Faltava ainda a viagem a um canal e, assim, após terem se despedido do amável diretor, embarcaram num vapor posto à disposição pela sociedade. No mesmo navio embarcou também o senhor Kamp, diretor das carvoarias de Cockerill.

Chegaram a Liège após duas horas e meia de viagem, e lá foram recebidos pelo senhor Piercot, burgomestre, e pelo cônsul do Brasil, que os aguardavam em carruagens. Piercot e o cônsul Nagelmacher apresentaram aos viajantes pontos importantes da cidade: passaram pelo Palácio da Justiça, pela municipalidade, pela esplêndida catedral e pela Igreja de Saint-Jacques. Como estavam sendo aguardados em Aix-la-Chapelle, saíram da Igreja de Saint-Jacques e foram direto para a estação de trem. No fim da tarde, passaria o trem a que seria agregado um vagão especial, com o qual seguiriam para a Alemanha.

Pela velocidade com que a viagem se desenvolvia, é de se admirar a resistência física da comitiva, sobretudo da imperatriz, que, pelo menos, teve a satisfação de rever membros de sua família. A passagem pela Bélgica e pela Inglaterra foram de um notável enriquecimento cultural e científico para d. Pedro II.

Enfim, Alemanha

Com a entrada da comitiva imperial na Alemanha, uma nova fase da viagem começou; não somente por causa do estilo de vida, do ambiente, mas também pela barreira da língua. O imperador entendia e falava um alemão básico, ao que parece, e tomava aulas com o professor Seibold. No entanto, a imperatriz e a comitiva não estavam familiarizadas em nada com a língua de Goethe.

Em Aix-la-Chapelle, ou Aachen em alemão, todos gostariam de conhecer o lugar que tinha sido uma colônia romana e que somente no século VIII tornou-se cidade. Para a Alemanha, Aachen sempre teve um significado especial, pois o imperador Carlos Magno fez dela sua residência preferida; tornou-a capital de seu vastíssimo império, construiu monumentos célebres e lá morreu em 814. D. Pedro quis, naturalmente, visitar o túmulo do imperador do Ocidente. No tempo da passagem de nosso imperador por Aix-la-Chapelle, a cidade já tinha uma importante indústria têxtil.

Aachen é uma cidade que respira história. Lá foram coroados trinta imperadores e três reis alemães; na Alta Idade Média, vários concílios da Igreja foram lá realizados, entre eles o importantíssimo Concílio de 809, em que se decidiu que o Espírito Santo procedia do Pai e do Filho.

Chegaram a Colônia à tarde e se hospedaram no Hôtel-du-Nord, localizado na margem esquerda do Reno. Colônia já era conhecida no tempo do império romano e importantes escavações trouxeram à luz valiosas descobertas. Visitaram a catedral que, inacabada há séculos, estava sendo terminada pelo novo imperador alemão, Guilherme I, com o intuito de demonstrar e celebrar sua subida ao novo trono alemão. D. Pedro II, num gesto de grande generosidade e sensibilidade política, contribuiu com uma oferta para as obras, gesto esse que deve ter sido muito apreciado pelo imperador alemão. Certamente, ao fazer essa doação, d. Pedro II tinha em mente os "seus" alemães de Petrópolis, originários da Renânia, e os demais emigrados daquele país que agora trabalhavam no Brasil.

No dia 20 de agosto, pela manhã, d. Pedro II, a imperatriz e toda a comitiva seguiram de trem para Rolandseck, onde embarcaram num escaler, desceram o Reno e desembarcaram em Hanigswinter. Nesse pitoresco lugar, almoçaram e depois subiram a cavalo ou em liteiras para o alto do Drachenfels, de onde se tem uma das mais belas vistas do Reno e um amplo panorama dos campos e das florestas seculares da região. Lá encontraram muitos turistas, que não deixaram de olhá-los com compreensível curiosidade.

A próxima etapa da viagem era chegar a Düsseldorf. O genro, o duque de Saxe, estava sempre acompanhando os imperadores. Não os queria deixar, aproveitando a permanência deles na Europa. A chegada a Düsseldorf mostrou-lhes um lugar de descobertas do passado e interesse pelo futuro. Tinham entrado num dos territórios mais industrializados do país, e isso estimulava o grande interesse do imperador pelo progresso.

A viagem corria bem; todavia, nem tudo eram rosas para d. Pedro II. A imprensa alemã estava fazendo uma campanha contra o Brasil, chamando-o "império-escravocrata" e pintando em cores vivas e exageradas as dificuldades encontradas pelos emigrantes alemães em sua chegada ao Brasil, como os grandes sacrifícios que suportavam e as privações nas quais viviam. O governo alemão chegou a dificultar, durante certo tempo, a concessão de vistos de saída para o império sul-americano.

A comitiva imperial passou o dia 21 de agosto em Düsseldorf. Na época, a cidade atravessada pelo rio Düssel, que lhe deu o nome, devia ser muito agradável; sua praça do castelo é uma das mais bonitas da Alemanha. Düsseldorf já era famosa em 1856, pois em suas redondezas foram encontrados restos do homem pré-histórico, o homem de Neandertal.

O famoso poeta Heinrich Heine, que inspirou muitos, nasceu em Düsseldorf em 1797, em uma família judaica. Graças a Heine a Alemanha alentou a pressão injusta sobre a minoria judaica. Heine foi amigo de Karl Marx e de Engels, e traduziu diversas de suas obras. D. Pedro II o admirava e conhecia o poema "Das Sklavenschiff" [O navio negreiro], publicado em 1853-54, no qual se inspirou Castro Alves em seu "Navio Negreiro". Outra admiradora do grande poeta foi a imperatriz Elisabeth da Áustria, que o estimava como poeta e pelo fato de ser um espírito combativo e rebelde.

No dia 22 de agosto, ao meio-dia, seguiram para Essen. Essen tem uma origem muito antiga, formou seu primeiro núcleo ao redor do convento das freiras de Santa Maria em 845. No século XIX, tornou-se um importante centro industrial e de mineração de carvão.

Viajar em agosto pela Alemanha deve ter sido um verdadeiro prazer – observar a vegetação exuberante, as pessoas circulando alegres pelas ruas sob uma atmosfera de tranquilidade –, e isso deve ter se refletido no ânimo dos imperiais viajantes e da comitiva. Contudo, a visita da comitiva imperial a essa florescente cidade não foi planejada para desfrutar as belezas naturais nem para admirar os monumentos históricos, mas sim para conhecer a grande indústria de armamentos da família Krupp.

A origem da famosa empresa deveu-se não à fabricação de armas, mas sim à fundição de rodas para trens.

Os Krupp venderam navios inteiros repletos desse material para os Estados Unidos, quando esse país estava em plena febre de expansão, construindo milhares de quilômetros de linhas férreas. Quando perceberam que o mercado ferroviário estava em baixa, os Krupp começaram a fabricar uma mercadoria da qual a humanidade, infelizmente, sempre precisou. A nova especialidade da empresa tornou-se a artilharia, e os Krupp construíram os mais potentes canhões da época, como o famoso canhão Dicke Berta, "Berta Gorda" em uma tradução livre, batizado em honra de uma jovem da família.

Não sabemos se foi Capanema ou o visconde de Nioác quem aconselhou o imperador a procurar esse importante complexo industrial; fato é que o exército brasileiro precisava estar a par do que faziam as nações vizinhas.

O velho Alfred Krupp esmerou-se em mostrar o enorme estabelecimento. A família Krupp, sabendo do espírito empreendedor de d. Pedro II, deve tê-lo tratado com grande distinção e de maneira agradável. A visita concluiu-se com um jantar na casa de Alfred Krupp, e o imperador aceitou como lembrança um minúsculo canhão de campanha, finamente acabado e dourado. Se os canhões não vieram, pelo menos a amizade ficou. D. Pedro II não era um militarista e raramente vestia farda. Era diferente do pai, d. Pedro I, que durante seu reinado era visto sempre em uniforme e sabia como desembainhar a espada.

Tanto o exército como a armada do Brasil mantiveram contato com o estabelecimento Krupp, e chegaram a enviar a Essen o capitão Antônio de Sena Madureira com a missão de se familiarizar com o uso da artilharia pesada. Não sabemos o desfecho das negociações, mas podemos dizer que uma das torres da empresa Krupp passou a se chamar d. Pedro II. Posteriormente, Alfred Krupp foi agraciado com o grau de Grande Dignitário da Ordem da Rosa.

Apesar da visita rápida, d. Pedro II voltou outras vezes a Essen. Naquele mesmo dia, após o jantar, a comitiva imperial embarcou no trem em direção à Arneburg, localizada ao longo do rio Elba. Depois de viajar a noite toda, às 7 horas da manhã chegaram à citada localidade. De carruagem, foram ao embarcadouro do rio Elba, onde tomaram um vapor em direção a Hamburgo.

Deve ter sido uma viagem bonita, pois a paisagem ao longo do Elba – mesmo não sendo tão variada e encantadora como a do Reno –, é muito romântica, e o rio é costeado por amplas florestas e pequenas vilas. O imperador tomava notas e registrava com desenhos a lápis certas paisagens. Após uma viagem de doze horas, chegaram a Hamburgo.

Hamburgo, a segunda maior cidade da Alemanha, depois de Berlim, foi uma "cidade livre", que, na Idade Média, fazia parte de uma confederação política fundada em 1241, a chamada Hansa, que ligava um certo número de cidades, que se consideravam "livres" do Sacro Império Romano-Germânico. Hamburgo era, já naquele tempo, um dos principais portos da Europa, e gostava de adornar-se com o título de "Porta para o Mundo".

A entrada no porto dessa grande cidade, que sempre teve tantos contatos comerciais com nosso país, deve ter sido impressionante para a comitiva imperial. No cais, foram recebidos pelo cônsul-geral residente em Hamburgo, Francisco Moniz Barreto de Aragão, que, após ter sido senhor de engenho na Bahia e ter-se formado em Direito em Heidelberg, há muito residia em Hamburgo. Ele escreveu um manual do fabricante de açúcar e os negociantes, que haviam estado no Brasil, formavam em torno dele, conforme disse Pedro Calmon, a "Colônia Saudosa" (Calmon, 1975).

É impressionante como a viagem fora bem preparada e teve todas as conexões perfeitamente funcionais, algo que naquele tempo não deveria ser fácil. No cais, aguardavam as carruagens. Os imperadores foram levados no carro do cônsul-geral, juntamente com o duque de Saxe, que continuava a acompanhar os sogros e, em muitas ocasiões, servia como intérprete para eles. Hospedaram-se no Hotel de l'Europe, que estava embandeirado com os pavilhões do Brasil, da Alemanha e de Hamburgo.

No mesmo dia, deixaram o hotel em carruagens e foram visitar os arrabaldes de São Jorge e de Uhlenhorst.

A comitiva imperial não podia deixar de visitar as principais igrejas de Hamburgo – a de Santa Catarina e a de São Miguel. Esta última, em estilo barroco e com uma torre de 132 metros de altura, é a mais alta igreja alemã, ostenta o maior relógio e é o símbolo da cidade. Claro que o imperador e o duque de Saxe não se contiveram e subiram ao topo da torre, onde o sacristão lhes colheu as assinaturas no livro de visitas. O povo chama carinhosamente a torre de "O Miguel" e, do alto dela, avista-se toda a cidade e o movimento do porto.

Sem mostrar o menor cansaço, seguiram para a Praça do Comércio. Foram recebidos pela Junta Comercial, que os convidou a visitar sua ampla sede. Ali, o imperador entreteve-se com o presidente, que o pôs a par dos imponentes movimentos comerciais e, terminada a visita, houve um brinde e a assinatura do livro de honra.

No centro da cidade velha, estava o Senado e a Câmara da Burguesia, que refletiam o orgulho dos cidadãos de Hamburgo. Na Câmara da Burguesia, viram as luxuosas salas, entre as quais a imponente sala de festas. Tanto o Senado como a Câmara da Burguesia foram objetos de cuidadosa visita. Anexo, havia o edifício da Bolsa, fundada em 1558 por comerciantes riquíssimos. Na saída do edifício, a massa de povo na praça era grande e dificultava a passagem dos visitantes.

D. Pedro II e sua comitiva seguiram, então, para Altona, cidade satélite de Hamburgo, conhecida pelo comércio de tecidos, lã e colorantes. O grande e agitado porto de Altona é ligado ao de Hamburgo e tinha tido, até ali, uma história movimentada: estivera sob domínio dinamarquês, fora incendiado pelos suecos em 1713 e, por fim, ocupado pelos prussianos em 1866, após a Guerra do Schleswig-Holstein.

O imperador, acompanhado por sua comitiva, regressou ao hotel e, após o jantar, o cônsul-geral, lhe apresentou o prefeito Merk, os membros do corpo consular e muitos alemães residentes ou naturalizados no Brasil. Às 9 horas da noite, tiveram uma surpresa: dois barcos iluminados e embandeirados ancoraram diante do hotel, na majestosa bacia do Alster, e uma banda militar com oitenta membros executou o hino nacional brasileiro, seguido do hino da Áustria, em homenagem à mãe do imperador. O terceiro hino entoado foi o de Hamburgo; o quarto, o prussiano; e, finalmente, o do recém-proclamado Império Germânico. Nos intervalos, ouviram trechos de óperas como *O profeta*, *Tannhäuser*, *Lohengrin* e outras.

A cada oportunidade, o povo aclamava de maneira entusiasmada o casal imperial, que, do jardim, assistia a esse lindo espetáculo. Os imperadores estavam comovidos, e os membros do séquito também tinham os olhos marejados ao ouvir o hino da pátria tão distante. A cerimônia fora organizada pelas diversas firmas comerciais alemãs relacionadas com o Brasil e acabou às 10h30.

O prefeito Merck ofereceu-se para acompanhar os imperadores durante a estadia em Hamburgo. O imperador, conforme nos informa Boulanger, aceitou a oferta unicamente para um passeio num pequeno vapor, a fim de ver as novas construções do porto. Não foram deixados de lado, também, o jardim botânico, o zoológico e o "Johanneum", importante estabelecimento de instrução secundária. O imperador não resistiu: foi assistir a diversas aulas na escola e, depois, conversou bastante com o doutor Classen a respeito da instrução pública. Os alunos ficaram encantados, pois d. Pedro II tomou assento nos mesmos bancos que eles, algo inimaginável na Alemanha da época.

A imperatriz, acompanhada por duas damas e pelo barão do Bom Retiro, percorreu o centro e visitou alguns estabelecimentos comerciais, que se sentiram profundamente honrados por suas visitas. Por sua vez, o imperador ficou sabendo da presença na cidade de dois famosos professores, Julio Oppert e J. E. Wappäns, e mandou-os chamar, pois estava curioso para conhecer pessoalmente esses sábios.

Oppert era um célebre orientalista francês, de origem alemã e família judaica, nascido em Hamburgo. Por ser judeu, não pôde seguir a carreira do professorado na Alemanha, dirigindo-se, então, à França. Nesse país, construiu uma bela carreira e tornou-se mundialmente famoso. J. E. Wappäns foi professor de geografia e estatística na Universidade de Göttingen. Uma de suas últimas obras foi o *Manual de geografia estatística do Brasil*, no qual apareceram notícias interessantes sobre o Império. Bem podemos imaginar o prazer do imperador em poder discutir sobre o sânscrito com Oppert e sobre as tantas informações imparciais elencadas no célebre manual de Wappäns.

Além das homenagens, das visitas e dos encontros, a ida a Hamburgo deu ao imperador a ocasião de praticar um ato de generosidade para com as filhas órfãs do vice-cônsul e chanceler do consulado. Elas tinham perdido o pai, que trabalhara por 28 anos na representação de nosso país; então, d. Pedro II decidiu doar uma soma para bancar a educação e a instrução das duas meninas.

A cordialidade com que o casal imperial foi recebido pelo povo hamburguês superou em muito as recepções oficiais com as quais outros reinantes tinham sido recebidos. Hamburgo os encantou, sobretudo, pelo dinamismo e pelo espírito aberto de seu povo.

No dia 23 de agosto, à tarde, deixariam a "Cidade Hanseática" e seguiriam de trem para Berlim. O prefeito Merck, a quem já se haviam afeiçoado, apresentou-lhes suas homenagens na estação. O cônsul-geral, como de seu dever, acompanhou os monarcas até a fronteira do território. Lá, havia um vagão especial que os esperava e que acolheu toda a comitiva. Parece que o trem era bastante moderno para a época, pois alcançou Berlim em seis horas e vinte minutos.

Hospedaram-se no Hotel de Rome, jantaram, e o imperador resolveu aceitar o convite da famosa condessa Schleinitz[51] para vi-

51 A condessa Maria von Schleinitz (1842-1912), filha do embaixador, o barão von Buch, tinha um porte aristocrático e impressionava por seus múltiplos conhecimentos e seu cativante sorriso; teve uma profunda educação musical e foi uma exímia pianista. Casou-se em 1865 com o ministro da Casa Real da Prússia, o barão e depois conde Alexandre von Schleinitz, 35 anos mais velho do que ela. O salão da condessa Schleinitz era um dos mais prestigiosos e frequentado pelas maiores personalidades políticas e artísticas do século XIX em Berlim. "Mimi", como era conhecida desde a infância, venerava Goethe e Schopenhauer, mantinha contato com grandes músicos e era amiga de Liszt, que a chamava de "Sereníssima". No entanto, o músico a quem ela mais apoiou e encorajou foi Richard Wagner. Depois do rei da Baviera, foi "Mimi" quem conseguiu angariar mais recursos para o famoso Teatro de Bayreuth, para cuja construção até d. Pedro II, também grande admirador de Wagner, contribuiu. Em 1876, ela reuniu, para a inauguração da ópera, entre outros, o imperador Guilherme I e d. Pedro II. Apesar de não ser ativa no campo político, era considerada uma adversária de Bismark,

sitar seu célebre salão – e saiu, sob o luar, com o duque de Saxe e outros senhores da comitiva. Dizia-se que a condessa era a mulher mais culta e inteligente de Berlim, e também uma mulher perigosa, temida até por Bismark, pois chegou a fazer de sua casa uma academia subversiva.

Naquela noite, as mais variadas personalidades estavam reunidas no salão da condessa: o ministro americano, que conversava com o russo Gotschacow, Ranke[52] e Lepsius;[53] o conselheiro Schneider que, na época, estava escrevendo a história da Guerra do Paraguai, e Richard Wagner – quem d. Pedro II teve o grande prazer de conhecer, pois o admirava muito –, entre outros. O imperador foi recebido ali, a princípio, com muita curiosidade, mas no decorrer do encontro transformou essa impressão inicial em grande respeito e admiração.

No dia seguinte, 24 de agosto, de manhã cedo, o imperial viajante começou suas visitas às instituições. Visitou a universidade, a câmara municipal, a biblioteca, as câmaras dos senadores e dos deputados, entre outros lugares. À tarde, visitou diversas escolas primárias, algumas igrejas e o túmulo de Humboldt,[54] que tantos serviços tinha prestado à ciência e ao Brasil, divulgando parte das

---

que a temia por sua grande influência e a odiava cordialmente. Após a morte do barão Von Schleinitz, casou-se novamente em 1886 com o embaixador austríaco, o conde Wolkenstein-Trostburg. Foi a última *grande dame* da Prússia.

52 Leopold von Ranke (1795-1886), famoso historiador e professor na Universidade de Berlim. Com sua atividade universitária formou uma escola à qual pertenceram os mais notáveis historiadores alemães da segunda metade do século XIX. Foi nobilitado em 1865 e, em 1867, nomeado chanceler da ordem "pelo mérito", uma das mais importantes ordens prussianas.

53 Carlos Ricardo Lepsius (1810-1884), célebre egiptólogo alemão, estudou em Leipzig, Goettinga e Berlim, doutorando-se em filologia e linguística. Continuou os estudos em Paris, onde a academia lhe concedeu o prêmio Volney. Descobriu, em 1867, em Tânis, no Egito, a importantíssima inscrição "Decreto de Canopus". Em 1873, foi nomeado bibliotecário-chefe da Biblioteca Imperial de Berlim. Foi, também, diretor do famoso e riquíssimo Museu de Berlim.

54 Barão Alexander Humboldt (1769-1859), famosíssimo naturalista e viajante alemão. Fez uma viagem de 1799 a 1804 com Bonpland, famoso médico e botânico, ao planalto mexicano e à Amazônia. Espírito aberto e investigador, desenvolveu todos os ramos da ciência então existentes e criou alguns novos: geografia climatológica, física dos mares,

riquezas de nosso país. À noite, recebeu no hotel o corpo diplomático. É curioso notar que, durante toda a viagem, d. Pedro II evitou se encontrar com o chanceler Bismark, do qual era totalmente diferente na concepção política e no agir. A invasão da França e a humilhação que lhe impôs, ao ser proclamada como um império alemão no salão dos espelhos de Versalhes, deve ter contribuído para essa atitude de distanciamento.

No dia 25 de agosto, foi a vez de visitar Potsdam[55] para prestar uma homenagem à casa reinante. O imperador Guilherme estava ausente; por isso, d. Pedro e d. Teresa Cristina foram recebidos na estação pelo príncipe herdeiro[56] – que, naquela noite, acabara de chegar de Londres – e por ele conduzidos ao novo Palácio de Sanssouci, construído entre 1763 e 1769 pelo rei Frederico II, o Grande, para simbolizar o poderio inquebrantável da Prússia. É uma construção retangular enorme, que abriga duzentos quartos e 428 estátuas.

Foi servido um almoço, do qual também participou o príncipe George de Saxe e sua esposa, a princesa Maria Ana, filha da rainha d. Maria II e de d. Fernando de Portugal – portanto, sobrinha de nosso monarca. Após a refeição, o príncipe herdeiro levou seus hóspedes para conhecer a cidade de carruagem. Passaram pelo lindo parque Babelsberg e foram até o Castelo de Glinick, onde os recebeu a esposa do príncipe Carlos. Na volta, o casal imperial foi levado ao castelo da cidade, onde visitou os aposentos de Frederico, o Grande. O príncipe herdeiro, querendo dar explicações

---

etc. Em homenagem a ele é denominada a corrente relativamente fria que circula no Pacífico Austral ao longo da costa da América do Sul até às Ilhas Galápagos.

55 Potsdam é uma pequena cidade prussiana a 25 km de Berlim, situada em uma península compreendida entre dois lagos. Lindos jardins, amplos parques e magníficos monumentos embelezam ainda mais seus vários e imponentes palácios e castelos. Na época da visita dos imperadores do Brasil, já era renomada por suas indústrias de seda, de refinamento de açúcar e pela importante cervejaria.

56 O príncipe herdeiro Frederico Guilherme (1831-1888) casou-se com a princesa Vitória de Saxe-Coburgo e Gotha, filha da rainha Vitória e do príncipe consorte, em 25 de janeiro de 1858.

de caráter histórico ao imperador, ficou surpreso com o grande conhecimento que d. Pedro possuía sobre o passado da Prússia.

No programa também constava, naturalmente, uma visita à igreja da guarnição – na qual estão os sarcófagos de Frederico Guilherme I e de Frederico II – e uma visita à rainha viúva.[57] Voltaram ao palácio novo, onde os recebeu a princesa herdeira para o jantar, que deve ter sido muito rápido e formal, pois conseguiram passar diante dos edifícios públicos de Potsdam e alcançar a estação onde já se encontravam os príncipes Carlos[58] e Alberto[59] para os cumprimentos da despedida.

A princesa herdeira,[60] filha da rainha Vitória, impressionou-os com seus amplos conhecimentos. D. Pedro ficou animado quando soube que ela se correspondia com muitos filósofos e cientistas, e ainda pintava, compunha música, projetava edifícios e propunha reformas. A admiração tornou-se mútua, e ela ficou tão encantada com o entusiasmo do imperador pela Inglaterra e pela Escócia que o menciona à mãe em suas cartas. O entusiasmo da princesa pelo

57 A rainha viúva da Prússia, mulher do rei Guilherme I (1797-1888), era a princesa Augusta de Saxe-Weimar (1811-1890).

58 Príncipe Carlos da Prússia (1828-1885), casado em 1854 com a princesa Maria de Anhalt (1837-1906).

59 Príncipe Alberto da Prússia (1837-1906), casado em 1873 com a princesa Maria de Saxe-Coburgo e Gotha (1854-1898).

60 Princesa Vitória, filha primogênita da rainha Vitória e do príncipe consorte Alberto de Saxe-Coburgo e Gotha. Nasceu em 21 de novembro de 1840 e faleceu em 5 de agosto de 1901. Casada com o príncipe herdeiro Frederico, mãe de oito filhos, entre eles o imperador Guilherme II, era uma mulher de grande inteligência, espírito moderno e cultura, e tentou influenciar o marido com suas ideias liberais, calcadas no liberalismo britânico. D. Pedro, a quem o casal pediu que se tornasse padrinho de sua última filha, se referia a esse fato com certa satisfação, e chamava o imperador Frederico III de "meu compadre". Após a morte prematura de Frederico III, em 15 de junho de 1888, Vitória foi imperatriz durante 99 dias e passou a ser conhecida como imperatriz Frederico. Quando seu filho Guilherme II ascendeu ao trono, ela se manteve em desacordo com a linha autoritária e antiliberal do filho, assim como era contra a postura política do chanceler Bismark.

nosso imperador e por Teresa Cristina foi tão grande que, em 1873, os convidou para serem padrinhos de sua filha Margarida.[61]

A personalidade de d. Pedro II deixou tanta impressão em Berlim que um jornal[62] assim se exprimiu sobre o monarca brasileiro:

> Durante toda a sua relativamente curta estadia, comprovou o imperador Dom Pedro um extraordinário interesse pelos nossos institutos científicos, artísticos e beneficentes, manifestando, ao visitá-los, espantosos conhecimentos. Mais importante do que a longa série dessas visitas, é o conhecimento e o sobejo saber, que o imperador demonstrara no decorrer das mesmas.
>
> Ele falou aos embaixadores, reunidos junto a ele para a apresentação, na maioria das vezes em suas línguas respectivas, mostrou, na Sinagoga, seu profundo conhecimento da língua hebraica, indagou nos museus sobre obras e coleções de arte que conhecia pelo renome, conversou com o embaixador americano Bancroft e o professor von Ranke sobre assuntos históricos.
>
> Com o conselheiro secreto da corte, Schneider, abordou as obras sobre assuntos militares do mesmo, lamentando que não se encontrassem em Berlim, naquele momento, muitas das nossas celebridades literárias e artísticas, que estavam convidadas para suas recepções. Em cada instituto encontrava, junto a cada pessoa, o ponto nevrálgico do qual lhe pudessem resultar ainda maiores conhecimentos.
>
> O imperador demonstrava ao lado de sua alta estatura de seu porte cheio de dignidade, uma invulgar benevolência, ca-

61 A princesa Margarida da Prússia (1872-1954), afilhada dos imperadores do Brasil, casou-se com o landgrave Frederico Carlos de Hesse (1868-1940) em 25 de janeiro de 1893, e com ele teve seis filhos. Em 1918, Frederico Carlos foi eleito rei pelo Parlamento da Finlândia, país esse que tinha se tornado independente da Rússia. Por razões políticas, o novo rei renunciou ao trono dois meses após a eleição. Depois que ficou viúva, Margarida foi morar no Castelo Friedrichshof, perto de Frankfurt.

62 *Novo Jornal da Prússia*, 28 de agosto de 1871.

tivante amabilidade e alegria pelo estrito incógnito mantido, o qual lhe havia permitido afastar de si toda a aborrecedora superficial formalidade e seguir sua inclinação para a simplicidade e as coisas práticas.

Somente uma saúde de firmeza rochosa e um planejamento de tempo digno de admiração possibilitaram ao imperador suportar esta atividade, que já levava há meses na Europa e conforme temos conhecimento, também na pátria, a ordem do dia do monarca é um aproveitamento incansável de toda e de cada hora.

Somente onde a emergência o exige, ao imperador Dom Pedro II se permite um descanso.

Pelo visto, Dom Pedro II deve ter, além de admirado os alemães com o seu saber fora do comum, atordoado-os com seus programas de visitas, realmente exaustivos.

O tempo era escasso; assim, no dia 26 de agosto, seguiram para Dresden, aonde chegaram pouco antes do meio-dia. O incógnito era um sonho irrealizado, pois na estação estavam, à espera do augusto casal, o rei, o príncipe real, o príncipe Jorge e sua mulher – filha de d. Maria II e d. Fernando de Portugal e, portanto, sobrinha em primeiro grau do imperador. Diversos oficiais generais e uma imponente guarda de honra estavam postados na saída. Para completar o quadro, todos os presentes estavam trajados em grande gala. Podemos bem imaginar a cena, o contraste do luxo com o traje de viagem do imperador, que carregava sua malinha, seu guarda-chuva e seu sobretudo no braço. Sua figura certamente devia manifestar simplicidade e simpatia comovedoras.

Após o imperador ter passado em revista a guarda de honra e de terem se cumprimentado afetuosamente, todos tomaram assento nas carruagens da Casa Real e partiram em direção ao Hotel Bellevue. Quebrando mais uma vez o incógnito imperial, apresentou-se no hotel o grão-marechal da corte, pondo-se à disposição do augusto viajante. Com grande gentileza, o imperador agradeceu e recusou a cortesia do rei. Vários príncipes da casa real também visitaram as majestades no hotel, e foi com grande prazer que d. Pedro reviu o príncipe Jorge e a esposa, Maria Ana, sua sobrinha. Os príncipes todos estavam curiosos por conhecer e falar com esse parente que vinha dos trópicos – era uma absoluta raridade!

Dresden era considerada, até os bombardeios de 1945, a mais linda capital em estilo barroco da Alemanha. A cidade abrigou e abriga não somente os mais imponentes palácios, pinacotecas e museus, mas uma riqueza impressionante de obras de arte. A pinacoteca do Palácio Zwinger tem em seu acervo as mais notáveis obras pictóricas da Idade Média e do Renascimento, destacando-se, dentre elas, a *Madona Sistina* de Rafael. No mesmo edifício, está uma famosa coleção de porcelana antiga e de armaria, e o Museu de Mineralogia e Geologia. O Palácio Real é considerado um dos edifícios mais célebres da Alemanha. Dentre as igrejas, a mais imponente é a luterana Igreja de Nossa Senhora – Frauenkirche –, o mais insígne templo protestante da Europa. D. Pedro II ficou fascinado e empregou todas as suas forças para conhecer tanto o vasto acervo artístico quanto as escolas e outras instituições públicas de Dresden.

No dia 27 de agosto, os imperadores retribuíram, pela manhã, a visita aos príncipes, e foram cumprimentar a rainha viúva Maria Leopoldina. À tarde, seguiram para Pillnitz, à margem da cidade, e num castelo no meio de um amplo parque os estava esperando o rei Johann I e a rainha Amélia, com os quais jantaram. A rainha, nascida princesa da Baviera, era filha do rei Maximiliano I e irmã mais nova da princesa Augusta, mãe da imperatriz d. Amélia do Brasil. Após o jantar íntimo, sendo os reis já muito idosos, os imperadores voltaram para o hotel.

Em 28 de agosto, d. Pedro II partiu, às 5 horas da manhã, com o duque de Saxe, Nogueira da Gama e o barão do Bom Retiro para a localidade de Freiberg, para visitar uma mina de prata. Antes de se dirigirem à mina, porém, detiveram-se em uma escola de agricultura e em outros estabelecimentos. Uma inspeção às extrações de prata, naquele tempo, não era isenta de perigo. No entanto, d. Pedro II e o duque de Saxe se aventuraram: Desceram, em um barril, a uma profundidade de 2.500 palmos; a extensão total da mina era de 26 léguas. Voltaram impressionados com o trabalho árduo dos mineiros. Enquanto isso, a imperatriz recebia no hotel a filha de d. Maria II e o marido dela, o príncipe Jorge, que ficaram para o jantar – ao qual o imperador e o genro chegaram a tempo. E assim terminou a visita a Dresden, que deixou uma agradável recordação ao casal imperial.

Não evitando sacrifícios, às 4 horas da manhã partiram da capital da Saxônia em direção à Eisenach, capital do pequeno ducado de Saxe-Weimar-Eisenach, que ficava entre a Prússia e a Baviera. O trem passou por Leipzig e, às 9 horas da manhã, chegaram a Eisenach, hospedando-se no Hotel Halbmond [meia-lua]. Eisenach, cujas primeiras notícias de fundação remontam ao ano de 1150, era considerada o centro cultural do ducado por sua história, pelas obras de arte e por lá ter nascido, em 1685, Johann Sebastian Bach.

Os duques estavam ausentes e, assim, d. Pedro II e a imperatriz, para aproveitar o tempo, foram visitar o famoso Castelo de Wartburg, ao qual se tem acesso por uma ponte levadiça. Foi nesse castelo que, em 1521, o duque Frederico de Saxe, o Sábio, abrigou o reformador Martinho Lutero, a fim de protegê-lo do desterro imperial e das consequências da excomunhão proclamada, contra ele, pelo papa. Lutero viveu ali, sob o falso nome de Junker Jörg, durante todo o inverno de 1521-1522, ocasião em que traduziu, do original grego para o alemão, o *Novo Testamento*. Aliás, é importante notar, nesse ponto, que a família de Saxe-Coburgo divide-se em dois ramos: os duques reinantes, que são protestantes, e o ramo chamado austríaco, católico.

Os imperadores examinaram em detalhe as notáveis pinturas e os mosaicos que retratavam a vida de Santa Isabel, a biblioteca, a linda capela, a sala de armas, os quartos que foram ocupados por Lutero e encantaram-se com os vários quadros de Albrecht Dürer, o Velho.

Desceram a pé a colina do castelo, por um caminho no meio da floresta, e chegaram ao pitoresco Vale do Dragão. Estavam impressionados por ver quanta história se podia encontrar em cada pequena localidade. O pernoite no hotel foi breve, pois logo às 6 horas da manhã seguiram de trem para Coburgo,[63] que, na realidade, era o alvo sentimental da viagem à Europa.

Era dia 30 de agosto de 1871, e Coburgo estava agitada. O rei d. Fernando de Portugal enviara uma carta ao primo, o duque Ernesto II, anunciando a chegada imperial e descrevendo d. Pedro II de maneira lisonjeira.[64] A curiosidade de todos, portanto, era grande. Não por receberem a visita de um soberano, pois a rainha Vitória ia a Coburgo e lá passava longas temporadas, mas pela figura de d. Pedro II. Naquele tempo, o Brasil era visto na Europa como um país exótico e o imperador, por outro lado, tinha fama de ser um sábio. Curioso antagonismo. Todos em Coburgo sabiam o verdadeiro motivo da visita das majestades brasileiras à cidade: d. Leopoldina, filha querida dos imperadores, jazia na cripta da Igreja de Santo Agostinho.

D. Pedro e sua comitiva aproximavam-se da cidade de Coburgo, encantadora capital do pequeno ducado. Já se via na colina o castelo-forte, que se sobrepunha às simpáticas construções tardo-medievais e renascentistas. Boulanger descreve-nos a chegada:

---

63 Coburgo é mencionada em documentos, pela primeira vez, em 1056; capital do ex-ducado até 1918, passou pelas mãos de vários ramos ducais da casa de Saxe. Ali nasceu o príncipe consorte Alberto, marido da rainha Vitória, a qual, durante muitos anos, costumava passar diversas semanas na cidade. A mãe da rainha era uma princesa de Saxe-Coburgo; por isso, o ducado sempre manteve uma estreita ligação com a Grã-Bretanha. Em 1860, o pai do duque de Saxe (genro de d. Pedro II) mandou construir a primeira igreja católica da cidade, a de Santo Agostinho, em cuja cripta estão abrigados os corpos dos príncipes da linha católica de Saxe-Coburgo. O imponente castelo-forte encontra-se a 170 metros acima da cidade e até hoje contém as preciosas coleções ducais. O centro da cidade é cheio de encantos, com castelos como o de Ehrenburg, praças, fontes e jardins que dão um ar romântico a essa pequena capital de onde saíram diversos reis que fizeram história em suas respectivas nações (Bélgica, Portugal, Inglaterra e Bulgária).

64 Correspondência de d. Fernando II com o duque reinante Ernesto II de Saxe-Coburgo e Gotha. Arquivo Ducal, Coburgo.

Em Coburgo achava-se a estação apinhada de povo, bem como nas imediações. Desde o ponto em que parou o trem até o grande e rico salão destinado a receber as grandes personagens, havia tropa formando alas, as quais terminavam no ponto em que se achava postada uma guarda de honra, que fez as continências do estilo.

Logo que S.S.M.M. apearam foram recebidos pelo duque[65] e a duquesa[66] reinantes, pelo príncipe Augusto, pai, princesa Clementina, mãe do Duque de Saxe, princesa Amélia, sua irmã, príncipes Felipe e Fernando seus irmãos e diversos oficiais e damas da casa de Coburgo.

O duque reinante e o duque de Coburgo[67] cingiam a Grã-Cruz do Cruzeiro, e o grande marechal da corte a da Rosa.

Pela mão da princesa Clementina foi apresentado as S.S.M.M. o príncipe Dom Pedro [Augusto], a quem, tanto o imperador como a imperatriz abraçaram e beijaram repetidas vezes, com singular emoção, procurando sem dúvida encontrar no neto que apertavam sobre o coração, lenitivo à dura e cruel saudade que flagela sempre o coração do pai na ausência eterna da filha que tanto amou.[68]

O pequeno príncipe d. Pedro Augusto[69] tinha mais de 5 anos e devia se lembrar bem dos avós, que tanto amava visitar em São

65 O duque Ernesto II (1818-1893) era irmão do príncipe consorte Alberto. Homem de grande cultura, publicou vários livros e tinha ideias modernas para a época.

66 A duquesa Alexandrina (1820-1904) foi mulher de Ernesto II e não teve filhos. Era filha do grão-duque Leopoldo de Baden e da princesa Sofia da Suécia.

67 O duque Augusto de Saxe-Coburgo e Gotha (1818-1881), casado com a princesa Clementina de Orleans (1817-1907), foi irmão do rei d. Fernando II de Portugal. Grande mecenas e colecionador de arte, presidente de muitas entidades de assistência, foi pai de Augusto, duque de Saxe (genro de d. Pedro II). Possuía, além da Ordem do Tosão de Ouro, as Grã-Cruzes das imperiais Ordens de d. Pedro I e do Cruzeiro.

68 *Viagem de Suas Majestades na Europa – 1871-1872*, cit.

69 D. Pedro Augusto de Saxe-Coburgo e Bragança (1866-1934), filho da princesa Leopoldina e do duque de Saxe. Engenheiro pela Escola Politécnica do Rio de Janeiro, publicou diversos trabalhos sobre mineralogia e numismática.

Cristóvão. Esse reencontro deve ter sido emocionante também porque, pela primeira vez, se viam, pessoalmente, os pais de Leopoldina e de Augusto. Tantos tinham sido os acontecimentos depois daquele 15 de dezembro de 1864, quando aqueles dois jovens príncipes se deram as mãos diante do altar da Capela Imperial, no Rio de Janeiro. Convém lembrar que desse casamento nasceram quatro netos de d. Pedro II – mas faltava, agora, à família reunida, a filha tão querida, a esposa tão amada e mãe estremecida.

Terminados os cumprimentos – depois que d. Pedro II, certamente muito contra sua vontade, tinha passado em revista o piquete de honra –, entraram nas carruagens e seguiram, como sempre, para o hotel. Hospedaram-se no Hotel Leuthäusser, que não ficava muito distante da estação, e sobre cuja entrada flutuava a bandeira do império brasileiro e a do ducado de Coburgo.

O primeiro local que os imperadores visitaram, acompanhados pelo duque de Saxe, e sem séquito, foi a Igreja de Santo Agostinho. Desceram à cripta e as pesadas portas se fecharam atrás deles. Foram levar flores à filha querida, mas ninguém sabe o que se passou lá dentro, nem quanta dor, quantas recordações afloraram, quantas lágrimas foram retidas com dificuldade. Perderam a filha com 24 anos, e recordaram-se também dos dois filhos perdidos na mais tenra idade, que hoje repousam no convento de Santo Antônio, no Rio de Janeiro. Diz Boulanger: "Meia hora depois S.S.M.M. e seu augusto genro voltaram ao hotel, abatidos e pálidos, com signais visíveis de que inúmeras e ardentes lacrimas lhes havião escaldado os olhos".[70]

Mais tarde, retomaram as carruagens e foram visitar o duque reinante Ernesto II e a duquesa Alexandrina no castelo forte, o maior e um dos mais importantes da Alemanha. O duque Ernesto II era o irmão mais velho do príncipe Alberto, marido da rainha Vi-

70 *Ibid.*

tória. A visita foi rápida e a duquesa escreveu em seu diário: "As majestades nos cativaram muito pela sua simplicidade".[71]

Descendo do castelo forte, foram para o Castelo de Ehrenburg – um imponente palácio na cidade, circundado de um amplo parque –, a fim de visitar a família do genro. Estavam lá, reunidos, o pai, o duque Augusto, e a mãe, a princesa Clementina, filha do rei Luís Filipe dos franceses. Presentes também estavam os irmãos do duque de Saxe, os príncipes Felipe e Fernando, o futuro czar da Bulgária, que então tinha 10 anos, e a irmã princesa Amélia, uma simpática jovem, que, três anos mais tarde, se casaria com o príncipe Maximiliano da Baviera.[72] O pequeno príncipe d. Pedro Augusto encantou-se com o imperador e sequer imaginou, naquele dia, que seguiria o avô até o fim da vida do mesmo.

Enquanto S.S.M.M. estavam realizando as visitas, todas as pessoas do séquito seguiram para a Igreja de Santo Agostinho. Desceram à capela mortuária, levando algumas coroas com rosas brancas, que depuseram sobre o sarcófago de mármore branco da desditosa princesa. Presente estava também a condessa de Barral, sua ex-educadora. Para ela devem ter sido momentos particularmente dolorosos.

No dia seguinte, realizou-se, às 10 horas, uma missa celebrada perto do túmulo de d. Leopoldina, à qual assistiram os imperadores, toda a família Saxe-Coburgo e o séquito. Durante todo o ofício fúnebre, os imperiais pais e o duque de Saxe ficaram ajoelhados, sem conseguir reter o pranto. Depois da missa, o duque Ernesto II foi buscar, de carruagem, o imperador no hotel. D. Pedro II passou o dia com o duque Ernesto no castelo forte, onde lhe foram mostradas as ricas coleções de quadros e vidros antigos recolhidos durante gerações pelos duques. O imperador viu também os quartos onde ficou hospedado Martinho Lutero, depois da permanência em Eisenach.

---

71 Diário da duquesa Alexandrina, Arquivo Ducal, Coburgo.

72 Príncipe Maximiliano da Baviera (1849-1893), irmão da imperatriz Elisabeth da Áustria.

O duque Ernesto era um homem de grande cultura, com estudos feitos nas universidades de Bruxelas e Bonn. Criou um ginásio-modelo em Coburgo e um importante museu na cidade de Gota. Foi general do exército da Saxônia; homem de ideias liberais, protetor dos músicos, inclusive acolheu Johann Strauss, ao qual deu a cidadania do ducado – a concessão da cidadania de um país protestante possibilitou a Strauss casar-se em segundas núpcias. Ernesto era também protetor da maçonaria e grande fautor da unidade alemã. Podemos imaginar que os dois monarcas, apesar de possuírem várias ideias contrastantes, devem ter tido uma interessante conversação.

No mesmo dia, ocorreu um jantar de gala no Castelo de Ehrenburg em companhia da família do genro, o duque de Saxe. Já a comitiva descansou, e pôde observar a pitoresca cidade, então com quase 20 mil habitantes.

Como d. Pedro II não perdia tempo, no dia 1° de setembro, bem cedo, foi visitar a fazenda-modelo do duque Ernesto, em companhia de Nogueira da Gama. Foi uma verdadeira inspeção, pois o imperador quis ver todos os instrumentos agrícolas e os departamentos das criações em detalhes. Era o dia da despedida; assim, às 10 horas, realizou-se outra missa na capela mortuária. Nas primeiras horas da tarde, o trem os levaria a Carlsbad. As despedidas realizaram-se com o mesmo cerimonial na estação, com a presença do duque Ernesto e da duquesa Alexandrina. A família do genro, os imperadores a encontrariam no mês de outubro em Viena. A permanência em Coburgo muito emocionou os imperadores, emoção essa que d. Pedro custava a ocultar.

A Carlsbad, famosa localidade termal na Boêmia, então parte do império austríaco, chegaram à noite. Seria um descanso de alguns dias e uma temporada de águas para a imperatriz. Carlsbad era famosa por suas fontes de água sulfatada e iódica, e por sua excelente comida. O insígne especialista, doutor Österreicher, juntamente com o barão de Itaúna, examinaram d. Teresa Cristina e indicaram o tratamento a que teria de se submeter.

Desde Lisboa, d. Pedro II recebia notícias do Brasil ou lia aquelas tão magras que os jornais às vezes publicavam sobre o grande país sul-americano. Devia estar preocupado, pois a regente não tinha iniciativas próprias e, aquelas que tomava, eram executadas, em nome dela, pelo conde d'Eu, conforme podemos ver em trecho da seguinte carta: "[...] sobretudo tendo Gastão que me faz grande parte da papinha, tenho tempo de sobra para dormir tanto ou mais de antes, para passear e até ler romances".[73]

D. Pedro II supunha que o conde d'Eu não se limitava a aconselhar a regente, mas que, na verdade, quem governava de fato era o próprio conde d'Eu.

> A atitude do imperador com relação a d. Isabel continuava a ser complexa e contraditória [...] Ele claramente apreciava a companhia de D. Isabel e respeitava a sua força de caráter. Por outro lado ele simplesmente não a levava a sério como sua herdeira e, portanto como sua substituta.[74]

Após duas semanas de descanso, d. Pedro II achou que seria o momento de visitar Nuremberg.[75] Contudo, a imperatriz recebia visitas de numerosos parentes que não via há anos! No dia 14 de setembro, o imperador fez uma viagem-relâmpago a Nuremberg e, como de seu hábito, tomou o primeiro trem, às 5h22 da manhã. Havia neblina e a temperatura começava a baixar. Era um trem local, que parava em cada vila, pois o imperador, em seu diário, anotou cada paragem realizada, às vezes com intervalos de 20 minutos.

---

73 Barman, 2010, p. 375.

74 *Ibid.*, p. 372.

75 Nuremberg, uma das cidades mais características da Alemanha, é também chamada de cidade de Dürer, que lá nasceu. Nela se conservava o tesouro dos imperadores do Sagrado Império Romano-Germânico. Ainda durante a Baixa Idade Média, adquiriu grande importância comercial e, em 1219, recebeu os direitos de cidade. Famosos sempre foram seus mercados e a fabricação de brinquedos. É cercada, em grande parte, por muralhas dos séculos XIV e XV.

Após uma viagem cansativa, chegou por volta das 15 horas a seu destino. D. Pedro II enfim conseguiu se divertir e manter seu incógnito, pois

> viemos para o hotel em ônibus que o hotel manda para trazer os passageiros. As malas batiam e estalavam como bombas da noite de São João. No hotel só havia um quarto vazio com duas camas e o Bom Retiro quer dormir no salão comum que fica na minha porta e o qual só é frequentado às horas da comida.[76]

Saíram logo do hotel para visitar a cidade. Nuremberg fica na Baviera e é, sem dúvida, uma das cidades mais fascinantes da Alemanha, com um importante passado histórico. O castelo medieval no alto de uma colina, do tempo dos imperadores do Sagrado Império Romano-Germânico, as muralhas que o cercam, suas torres maciças, as entradas por seus portões altos e seus fossos profundos, além do centro histórico com ruas estreitas e tortuosas, casas de telhados agudos, praças e mercados com fontes medievais, tudo isso dá a Nuremberg um aspecto pitoresco.

Começaram visitando a Igreja de São Lourenço e seu soberbo interior, como o definiu o imperial visitante. No mesmo templo, viram o famoso cibório, engastado de pedras, e a cabeça do Cristo, o *Ecce Homo*, atribuído a Dürer. Na praça de São Lourenço, entretiveram-se diante da famosa fonte das Virtudes, ou Tugendbrunnen. D. Pedro II achou curiosa essa fonte, e comentou: "Que ideia de fazerem jorrar água dos seios das seis virtudes e como lhes alongaram os bicos dos peitos com os tubos". Viram outras fontes famosas, entre elas a Nação e a Schöne Brunnen, mas elas não mereceram anotações especiais. Visitaram a prefeitura, e ficaram encantados com os afrescos de Dürer[77] e com o grande salão que

76 Diário de d. Pedro II, cit.

77 Alberto Dürer (1471-1528) era filho de um ourives. Pintor, gravador, escultor e arquiteto, foi protegido pelos imperadores Maximiliano I e Carlos V. Suas obras estão nos mais importantes museus do mundo e famosa é uma *Pietà* de sua autoria conservada

contém as gravuras de Erasmo Pinkheimer. No pátio da prefeitura, admiraram a fonte Sabenwolf, construída em 1557. "Espero voltar ao Rathaus",[78] comentou. Foi ver o retrato de Carlos Magno feito por Dürer, acerca do qual anotou: "É magnífico!"

Continuando a peregrinação pela cidade, pararam diante do monumento de Dürer, que o imperador achou bonito visto de frente, mas que considerou as pregas da capa retas e paralelas demais. Percebe-se, com esse comentário, como ele observava os mínimos detalhes. Foi visitar com esse espírito a casa do grande artista, percorrendo todos os quartos e o ateliê no andar térreo, comentando: "onde Dürer havia de sentir bastante frio e umidade".[79] Na casa, gostou muito do autorretrato do artista realizado aos 28 anos.

Depois, passearam pelas ruas estreitas, as quais acharam originais pelas formas das casas. Embateram-se em um "circo de cavalinhos, onde pulei para arrancar um lugar. Tanta saudade me fez do da Guarda Velha do Grande Oceano. Excelentes cavalos e todos trabalharam bem".[80] D. Pedro II ficou impressionado com as muitas pontes, "que arremedam as de Veneza, segundo dizem. Só passei por hora a Carlsbrücke".[81] Voltou depois das 22 horas ao hotel Bayern. "Logo cuidei de comer. Encontrei Mme. Hamann e a filha. Disseram-me que houve desordem em Nuremberg, por causa da alta do preço do pão e da carne. Veio força de fora e por isso o hotel está cheio de oficiais."[82]

O dia seguinte começou com a presente anotação: "Dormi bem até às 4 1/4h; por se demorar a comida só saí às 6 horas, depois de despedir-me de Mme. Hamann e sua filha que saíam às 6 ½ para Stuttgart".[83] Bom Retiro, após uma noite certamente não confor-

---

em Nuremberg. Publicou um tratado sobre as fortificações e quatro livros sobre as proporções do corpo humano.

78 Diário de d. Pedro II, cit.

79 *Ibid.*

80 *Ibid.*

81 *Ibid.*

82 *Ibid.*

83 *Ibid.*

tável, já estava pronto. Começaram o dia visitando a Igreja Sabold, que "cede a de S. Lourenço, mas tem o movimento dos Santos por Vischern que é a obra de fundição mais mimosa que tenho visto".[84] O imperador descreve ainda várias pontes, como a Fleischbrücke e a Henkerstein, tendo passado pela última duas vezes. "Neste passeio gozei um pouco dos arrabaldes da cidade que tem bonitos jardins e vi um carro puxado por parelha de cavalo e vaca."[85]

Também visitaram as igrejas de Santo Egídio e Frauenkirche, e colheram flores da tília plantada pela imperatriz Kunigunde no pátio. Entraram em um antigo castelo, mas ficaram na torre, chamada "da liberdade" – a Freithurm –, e o imperador ficou horrorizado com os instrumentos medievais de tortura ali conservados. Não podiam deixar de ir ao Museu Germânico, pois o imperador queria ver o afresco de Karlsbach, o qual descreve longamente.

No fim desse "banho de cultura", seu coração de avô apertou-se de saudade; assim, entrou na loja Warnschaffe e comprou "muitos curiosos e lindos brinquedos para [os] meus netinhos. Se pudesse não sairia tão cedo dessa loja".[86] Nuremberg, naquele tempo, era a cidade mais famosa da Europa na fabricação de brinquedos, e essa fama perdura até nossos dias. "Era tarde, comi um pouco depois de escolher fotografias de que comprei duas no Burg [castelo] e segui para a estação."[87]

Percebe-se que d. Pedro II, pelo número e pelos detalhes de suas anotações, gostou muito da estadia em Nuremberg. Livre de todo e qualquer compromisso, passeou despreocupado com seu velho e estimado amigo, que já tantos serviços tinha prestado ao Brasil. Essa visita foi um sucesso, e o imperador estava muito contente porque "não souberam no hotel quem era e trataram-me aí de comida melhor que em Carlsbad".[88] O trem estava chegando e

---

84 *Ibid.*
85 *Ibid.*
86 *Ibid.*
87 *Ibid.*
88 *Ibid.*

muitas eram as impressões que d. Pedro deve ter colhido nessa excursão, pois "conversei 6 horas e 14 minutos. Em Irrelohe, uma das muitas paradas, bebi café e aí vou comer a cesta".[89] Já no fim da viagem, era noite em Carlsbad, como num suspiro anotou: "Nuremberg só se pode ver bem numa semana".[90]

Era noite do dia 15 de setembro. O imperador ficou mais cinco dias em Carlsbad e talvez tenha saboreado as águas malcheirosas daquelas inúmeras fontes. O mais provável é que, além de descansar, tenha examinado relatórios dos ministros e lido as cartinhas que recebia da filha. A sede de tudo querer ver já o afligia; assim, no dia 20 de setembro, seguiu para Praga. A imperatriz, no entanto, continuava recebendo muitas visitas e prosseguia em seu tratamento médico sob o olhar atento do fiel barão de Itaúna, que já tinha seguido os partos da princesa d. Leopoldina, acompanhando-a também para a Europa. As águas de Carlsbad, ao que parece, foram de grande benefício à saúde da imperatriz.

D. Pedro II fez, então, uma visita de dois dias a Praga, e deve ter se impressionado com a riqueza de seus palácios, com suas igrejas e com o maravilhoso Castelo Hradschin, que, na Antiguidade, foi sede dos reis da Boêmia.

A estadia em Carlsbad tinha sido uma das mais agradáveis. Tiveram um tratamento requintado, os dias passaram rápido e foram alegrados com frequentes visitas. Nas termas, tocava um conjunto musical que, possivelmente, amenizava os goles daquelas águas malcheirosas e amargas. Essa estadia revigorou bastante d. Teresa Cristina, que, apesar de seus apenas 49 anos, já tinha diversos achaques e uma fraqueza geral. Ela partiu dali com forças renovadas.

No dia 25 de setembro, após o café, os imperadores e a comitiva imperial tomariam o trem para Munique. Uma massa de gente estava reunida diante do hotel, o que deixou as despedidas agitadas. Eles entraram nas carruagens e muitas pessoas do público os

---

89 *Ibid.*

90 *Ibid.*

seguiram a pé até a estação. O casal tornou-se muito querido em Carlsbad.

A viagem a Munique foi agradável e puderam gozar da linda paisagem verdejante, das imponentes florestas, dos campos meticulosamente tratados, parecidos com jardins. Vez ou outra, passavam por aldeias pitorescas e limpas, que tinham uma igreja em estilo barroco com os campanários encimados por brilhantes cúpulas em forma de cebola.

Era fim de tarde quando o trem chegou a Munique. Desceram do vagão e foram recebidos pelo príncipe Adalberto e pela princesa Amélia da Baviera, que apresentaram as boas-vindas em nome do rei. O príncipe Adalberto[91] era tio do rei Luís II,[92] e a princesa era uma infanta espanhola. O rei pouco aparecia em público e se dedicava, entre outras coisas, à construção de castelos, como o Neuschwanstein e o Linderhof, entre outros. O casal principesco levou os imperadores e o séquito nas carruagens da corte para o Hotel Bayrischer Hof.

Na mesma noite, os imperiais viajantes foram literalmente "tomados de assalto" pela visita de uma infinidade de parentes da imperatriz e de várias altas personalidades. Enquanto a imperatriz se

91 O príncipe Adalberto da Baviera (1828-1875), filho do rei Luís da Baviera, casou-se, em 1856, com a infanta espanhola Amélia (1834-1905).

92 Luís II da Baviera (1845-1886), filho de Maximiliano II e da princesa Maria da Prússia, levou uma vida solitária desde sua mocidade. Envolveu-se em várias guerras, tanto contra a Prússia quanto contra a França, e esforçou-se por manter certa autonomia com relação à Prússia. Por ocasião do Concílio Vaticano I, seu governo opôs-se à doutrina da infalibilidade do papa. Construiu vários castelos, entre os quais os de Linderhof, Hohenschwangau, Berg e Herrenchiemsee, e financiou, em parte, o teatro de Bayreuth para as apresentações de Wagner, do qual era amigo e admirador. Endividou-se com todas essas construções e retirou-se, cada vez mais, do mundo. Em 1886, mandou aprisionar todos os ministros que lhe negaram dinheiro. Os médicos diagnosticaram loucura e o conselho de família proclamou regente o príncipe Luitpold. O rei foi, então, transportado para o castelo de Berg, e, no dia seguinte, o encontraram afogado no lago de Starnberg com seu médico Gudden – uma tragédia envolvida em mistério.

entretinha com a irmã Antônia, grã-duquesa da Toscana, o imperador conversava animado com o famoso químico, o barão Liebig.[93]

No dia seguinte, 26 de setembro, realizou-se a inesperada visita de Isabel, duquesa de Goiás, e, pelo casamento, condessa de Treuberg. Essa era filha de d. Pedro I e da marquesa de Santos, que foi amorosamente educada e acompanhada, em Munique, pela imperatriz d. Amélia. Isabel sempre mostrou muito apego a suas origens. Foi casada aos 19 anos pela viúva de d. Pedro I e deixou uma ampla descendência na Alemanha. Residia no Castelo de Holzen e estava viúva há 4 anos. Não temos documentação ou testemunho do encontro entre os dois meios-irmãos, que nunca tinham se visto e nunca mais se encontraram.

D. Pedro II foi incansável nos dois dias passados em Munique. Visitou diversas fábricas, a universidade, a academia de ciências, a nova e a velha pinacoteca, a biblioteca, o instituto ótico, a escola politécnica e mais uma lista enorme de instituições. Claro que não podia deixar de visitar o Palácio Real e o Palácio Leuchtenberg, no qual sua madrasta passou a mocidade e se casou por procuração com d. Pedro I. Já naquele tempo, existia a praça Dom Pedro I no centro de Munique, em agradecimento ao nosso primeiro imperador, que tinha enviado uma elevada soma para as despesas do casamento, a qual, entretanto, d. Amélia destinou a uma instituição de caridade.

Um dos muito apreciados atos que d. Pedro II praticou naquela cidade foi a visita que fez à casa do famoso naturalista von Martius,[94] autor da imponente obra *Flora brasiliensis*. Com seu camarista,

---

93 Barão Justus Liebig (1803-1873), um dos mais conhecidos químicos alemães, começou como aprendiz de farmácia e se tornou professor da Universidade de Giessen, onde criou o primeiro laboratório-escola da Europa. Realizou várias e importantes descobertas que ainda hoje levam seu nome, publicou notáveis tratados e foi o primeiro a aplicar a análise aos fenômenos da vida orgânica. O rei da Baviera concedeu-lhe o título de barão. Em 1883, a cidade de Munique honrou sua memória com uma estátua.

94 Carlos Frederico Philippe von Martius (1794-1868), grande naturalista alemão, foi membro da Academia de Ciências de Munique. Chegou ao Rio de Janeiro em dezembro de 1817 com a delegação de naturalistas e artistas que acompanhou a imperatriz d. Leopoldina. Visitou toda a parte centro-norte do Brasil e voltou de Belém diretamente

o imperador apresentou-se na residência da família Martius, tendo sido recebido pela viúva, uma senhora octogenária. Consta que justificou a visita, diante dela, alegando o fato de o Brasil muito dever ao ilustre naturalista, motivo por que desejava exprimir sua gratidão. Em lágrimas, a viúva agradeceu, profundamente comovida. Não satisfeito com esse ato, foi depois ao cemitério e depositou uma flor sobre a tumba do eminente sábio.

Com a visita a Munique, termina a primeira viagem dos imperadores à Alemanha. Partiram para a Áustria no dia seguinte, chegando à tarde a Salzburgo. Após visitar Salzburgo, seguiram para Viena, onde foram ver os outros netos, filhos de d. Leopoldina e do duque de Saxe. Após uma extensa viagem, que os levou à Itália, ao Egito, à França e à Espanha, passaram ainda quase um mês em Portugal. Em Lisboa, voltaram a se encontrar com o genro, o viúvo de d. Leopoldina, que seguiria com os sogros ao Brasil, levando os dois pequenos príncipes – d. Pedro Augusto e d. Augusto – para serem educados na terra que os viu nascer.

Grandes foram os festejos no Rio com a chegada do casal imperial. D. Pedro de Alcântara voltou a ser d. Pedro II e retomou as rédeas do governo. Em sua ausência, tinha sido promulgada a Lei do Ventre Livre.

Muitos seriam os acontecimentos que o imperador teria de enfrentar antes de poder pensar numa nova viagem. Em janeiro de 1873, faleceria sua estimada madrasta d. Amélia. Os anos 1873 e 1874 foram turbados com a questão religiosa, que, em 1875, terminou com a anistia dos bispos. Em 1874, o cabo submarino ligava o Brasil à Europa. A saúde do casal imperial não era das melhores, sobretudo a da imperatriz, mas muitos eram também os interesses científicos, literários e a procura por novidades, que estimulavam o imperador a fazer uma nova viagem ao exterior.

Chegamos ao dia 26 de março de 1876.

---

para a Europa. Publicou muitos livros, sendo o mais importante o *Flora Brasiliensis*, concluído após sua morte por A. W. Eichler.

A SEGUNDA VIAGEM (1876-1877)

O imperador *yankee*

Desde a volta à pátria, em 1872, muitos foram os problemas que d. Pedro II enfrentou. Um deles foi a questão dos bispos, que se iniciou com a campanha de d. Vital contra as irmandades religiosas infiltradas pela maçonaria, a que se seguiu o processo e a consequente prisão do mesmo d. Vital e do bispo d. Macedo. Outro, irremediável, foi o falecimento da estimada madrasta, a imperatriz d. Amélia, em 1873.

No entanto, nem só de problemas se faz um império. Em 1874, o imperador se orgulhou de inaugurar o cabo submarino que ligava, com a Europa, o Brasil, o qual agora estava mais perto dos acontecimentos – e não mais à margem do mundo. Finalmente, em 1875, houve a anistia dos bispos e d. Pedro II libertou-se de um grande peso. Na época, todavia, não se podia imaginar que para a igreja, debaixo da ferida, ficara uma brasa queimando nas cinzas até o fim da monarquia. Não podemos esquecer que, embora a religião católica fosse a religião do Estado, a Igreja dependia do governo – o qual podia propor, aprovar ou recusar a nomeação de bispos.

O contato com o Velho Continente e a sede de conhecimento do imperador continuavam a estimulá-lo e, no mesmo ano, d. Pedro II retomou seus projetos de viagem-estudo, como as considerava. Dessa vez os horizontes seriam mais vastos, pois o barão Schreiner, ministro da Áustria, o aconselhava. O imperador traçava os vários itinerários, que abrangeriam os Estados Unidos, a

Europa – inclusive a Escandinávia e a Rússia – e o Oriente Médio, com a Palestina. O conde de Gabineau, que naquele tempo era ministro da França em Estocolmo, também foi envolvido no planejamento e o acompanharia em determinadas etapas da viagem. Com a meticulosidade que havia herdado de sua mãe, a inesquecível imperatriz Leopoldina, D. Pedro II fez que os detalhes dessa viagem tomassem corpo.

A situação política no Brasil era sólida. Caxias tinha as rédeas do governo e também a economia florescia com as enormes entradas decorrentes da exportação do café. Houve a falência do banco do barão de Mauá, fato inesperado, mas que não deixou consequências graves na situação econômica do império. Como da vez anterior, foi necessário apresentar às Câmaras o pedido para que o chefe de Estado pudesse ausentar-se do país. O imperador encontrou resistência por parte da oposição liberal e, em seu discurso de 15 de setembro de 1875, Zacarias de Góis indagou: "Que instrução vai o chefe do estado ganhar, ele que tanto estuda, nessas rápidas viagens?". E o chefe da oposição continuou: "Em que matéria vai ficar versado? Em matéria de forma de governo?".[95] Essas afirmações, pronunciadas por um homem do gabarito de Zacarias, soaram estranhas, irônicas e irrefletidas, mas veremos que foram desmentidas pelos muitos acontecimentos favoráveis ao progresso de nosso país oriundos dessa viagem. A licença, no entanto, foi concedida por ampla maioria.

Antes da viagem, uma outra questão a ser resolvida era a financeira. Seriam dezoito meses de ausência do casal imperial, que se faria acompanhar por uma pequena comitiva que o assistiria mesmo viajando no mais absoluto incógnito. Como sempre, d. Pedro II pagou tudo do próprio bolso, pois não se aproveitava dos cofres públicos. A solução encontrada para isso foi tomar um empréstimo, que seria pago aos poucos, de sua lista civil. O ilustre viajante

95 Anais da Câmara. Discurso de Zacarias de Góis de 27 de setembro de 1875, *apud* Heitor Lyra (Lyra, 1964, p. 358).

não tinha fortuna nem bens particulares; foi o primeiro funcionário público do Brasil e sua habitação não lhe pertencia, pois São Cristóvão era propriedade do Estado. Seu único bem era uma pequena fazenda no meio da serra, que nada rendia. Era a fazenda do Córrego Seco, que havia herdado do pai, e seu nome já indicava terra árida. Mais tarde, Córrego Seco foi colonizada pelos alemães e lá foi fundada Petrópolis. Por seu clima salutar, tornou-se um lugar de veraneio muito apreciado.

O mais preocupante, na realidade, era fazer uma viagem longa sabendo-se que a saúde da imperatriz não estava boa, pois já fazia tempo que ela dava sinais de fraqueza. O imperador também começava a apresentar problemas de saúde, apesar de ser relativamente moço. Talvez fossem os primeiros sintomas de diabetes, que mais tarde se manifestou com força. Porém, os médicos aconselharam ao casal um tratamento com águas, em particular as das termas de Gastein, na Áustria.

No dia 26 de março de 1876, os imperadores e uma comitiva selecionada[96] embarcaram no vapor Hevelius para os Estados Unidos. O jornalista James O'Kelly, repórter do *New York Herald*, tinha sido enviado pelo jornal para fazer, como se diz hoje, a cobertura da viagem. Essa interessante viagem aos Estados Unidos durou cerca de três meses e foi amplamente divulgada. Foi a primeira visita de um soberano reinante ao grande país; por isso, convém

96 Completavam a comitiva imperial o almirante Joaquim Raimundo de Lamare, veador da Casa Imperial e guarda-roupa de Sua Majestade, ministro da Marinha em 1862, futuro senador por Mato Grosso e visconde de Lamare; o conselheiro, depois visconde de Sousa Franco, médico da família imperial; o professor Carlos Henning, antigo preceptor da princesa Alice da Inglaterra (filha da rainha Victória), que vivia há dois anos no Rio de Janeiro, dando aulas de sânscrito e de grego ao imperador; Artur Teixeira de Macedo, filho do falecido diplomata Sérgio Teixeira de Macedo, que ia como secretário de d. Pedro II nessa viagem; as senhoras d. Leonídia Loreto Eposel e d. Joana de Alcântara; James O'Kelly, correspondente especial do *New York Herald*, acompanharia o imperador durante quase toda a excursão pelos Estados Unidos. Nos Estados Unidos, também se juntou aos imperadores o genro, o duque de Saxe, que os acompanhou durante algum tempo.

relatar alguns episódios da visita do "imperador *yankee*", como passou a ser chamado por lá.

D. Pedro II inaugurou, com o presidente Grant, a Exposição Universal da Filadélfia, realizada para comemorar o centenário da independência americana. O imperador tinha encomendado a Carlos Gomes o "Hino do Centenário", o qual foi apresentado com grande sucesso na Filadélfia em 4 de julho de 1876. Com essa contribuição do Brasil aos festejos americanos, o "imperador *yankee*" deve ter ficado radiante, pois sua popularidade cresceu dia após dia. É importante, também, relembrar o encontro que d. Pedro teve com Graham Bell, que, graças ao imperador, foi descoberto e tornou conhecida sua invenção, o telefone.

Os norte-americanos ficavam estupefatos ao ver Mr. Pedro de Alcântara tomar um táxi e vê-lo pagar pessoalmente o bilhete ao tomar uma barca. Para quem o chamava de imperador, ele dizia: "Me chame Mister Alcântara, o imperador ficou no Brasil". Esse homem simples, erudito e democrático tinha sido uma surpresa para os americanos e deixou saudades entre essa população.

Finalmente, no dia 12 de junho de 1876, os imperadores embarcaram no vapor Rússia, do Cunard Line, para a Europa.

No Velho Continente

O Rússia atracou no cais do porto de Liverpool, e d. Pedro de Alcântara e sua comitiva lá desembarcaram. D. Pedro desejava apenas passar pela Inglaterra dessa vez, reservando-se uma nova visita na volta.

Era um sábado. O general Ponsomby, que tinha ido a Liverpool, recebeu os soberanos; mais tarde, telegrafou à rainha Vitória, que estava em Osborne, notificando-a de que o imperador tinha seguido para Londres e ido diretamente para o Museu Britânico, onde ficou por duas horas. Hospedaram-se no Claridge e, no dia seguinte, o imperador visitou Kew Gardens, em South Kensington, após ter assistido à missa na igreja espanhola. Por intermédio do amável general, o "imperador cidadão" enviou seus cumprimentos à rainha Vitória, desculpando-se por não poder visitá-la, pois partiria na segunda-feira cedo; contudo, disse-lhe que voltaria em maio do próximo ano e acrescentou que guardava a mais agradável recordação da visita anterior, e que esperava rever a rainha. Jantaram naquele domingo na Legação, hóspedes de nosso ministro, o barão de Penedo.

No dia seguinte, embarcaram para o continente, sendo recebidos em Calais pelos príncipes de Joinville, e seguiram imediatamente para Bruxelas. Na capital belga, onde a mana Januária os esperava, devem ter ficado alguns dias, pois para lá foram de Paris os médicos Séquard e Charcot, que haviam sido chamados para uma consulta. O exame médico revelou que as águas de Gastein, perto de Salzburgo, seriam as indicadas para o casal imperial. Este teve, ainda, de aceitar um esplêndido banquete que o rei Leopoldo II lhes ofereceu. O rei convidou não somente os monarcas, mas toda a comitiva. Durante o deslumbrante jantar, tocou uma banda militar de música de câmara.

Os monarcas deixaram a Bélgica após se encontrarem com vários estudantes brasileiros que frequentavam as universidades daquele país.

Na terra de Goethe

Finalmente, o imperador e sua comitiva chegaram à Alemanha, seguindo para Bonn – nome que deriva de Castra Bonnensis, antiga praça militar romana do século II a.C; lá se encontra, entre outros monumentos, um castelo em estilo barroco, onde funciona a sede da universidade. Os viajantes tomaram o vapor Guilherme Imperador e Rei e subiram o Reno, apreciando a linda paisagem que desfilava diante de seus olhos, sobretudo a vista do Castelo de Broemser, do século XII.

Desceram em Magúncia, uma das cidades mais encantadoras da Alemanha, após terem passado por várias cidades ribeirinhas. Outrora sede do comando romano da Germânia setentrional, Magúncia possui uma bela catedral, é famosa por seus vinhos e se orgulha de ter sido o berço de Gutenberg, o inventor da tipografia.

De lá, partiram de trem para Frankfurt, para onde veio ao seu encontro o visconde de Itajubá, ministro do Brasil em Berlim. No dia seguinte, 29 de julho, o imperial viajante, às 6h30 da manhã, tomou um banho no rio Meno, que, naquele tempo, seguramente não sofria a poluição que hoje apresenta.

Ainda na Idade Média, Frankfurt tinha sido o centro comercial e financeiro da Alemanha e, na época em que d. Pedro II a visitou, já oferecia muitos pontos de visitação obrigatória. A sede da municipalidade, o palácio onde eram eleitos os imperadores do Sacro Império Romano-Germânico, assim como a catedral onde eram coroados, também ficava lá. O último dos imperadores ali sagrados foi o pai da imperatriz d. Leopoldina, o imperador Francisco II.

D. Pedro II e sua comitiva visitaram o centro medieval, com seus lindos palácios e pequenas praças características, o Museu de Arte Antiga, o bairro Sachsenhausen e a casa do mais ilustre filho daquela cidade – Johann Wolfgang von Goethe – que nasceu numa casa modesta em 1749, e naturalmente d. Pedro, que conhecia suas obras, não quis deixar de conhecê-la, na rua Grosser Hirschgraben. O grande escritor e pensador alemão, que influenciou Machado de Assis e Guimarães Rosa, não deixou de observar aspectos da cultura brasileira. Em sua biblioteca havia dezessete obras que tratavam do Brasil. Goethe conheceu canções tupinambás por meio da leitura do ensaio "Dois canibais", de Montaigne, e manteve um intercâmbio de informações científicas com von Martius, o qual costumava chamar "o brasileiro Martius".

Não podia faltar uma visita do imperador à Bolsa de Valores, na hora de maior movimento, e por lá ele passou completamente despercebido, como tanto gostava.

Ao lado de seus acompanhantes, seguiu de trem para Heidelberg, passando por Darmstadt no fim da tarde e hospedando-se no Hotel Schrieder. Heidelberg, considerada um dos berços do romantismo alemão, se estende entre rio e morros, sobre os quais descansam, como uma coroa, as ruínas de um castelo, um dos mais importantes exemplares do estilo renascentista alemão. Já em 1196, essa localidade era mencionada em documentos. Em 1386, foi fundada sua universidade, que sempre atraiu professores de grande renome e é célebre até nossos dias.

No dia seguinte, o imperador não deixou de se banhar nas águas do rio Neckar, e o casal imperial foi visitar as ruínas do castelo, que, com sua imponência e a cor avermelhada de suas pedras, dominava a cidade. Vinhedos cobriam o trajeto; a paisagem era encantadora. Visitaram o professor Becker, médico famoso e pró-reitor da universidade, com o qual percorreram o hospital e suas coleções científicas.

O imperador não podia deixar de contatar a universidade, onde foi acolhido pelo conselho e por grande número de professores. Aquele ambiente o fascinava. Percorreu as aulas e, como de seu hábito, sentou-se nos bancos com os alunos para ouvir as dissertações. Admirou os professores com seus conhecimentos e com seu espírito democrático, e sentiu-se um estudante.

Naquele tempo, as universidades na Alemanha mantinham um regime rígido e tudo era gestado com extrema severidade. D. Pedro II ficou estarrecido quando lhe mostraram as prisões destinadas aos estudantes que cometessem faltas graves contra os estatutos da instituição. Ao que parece, as prisões estavam vazias. O imperador não teria hesitado em pedir anistia para algum infeliz aluno.

Antes do jantar, d. Pedro II recebeu ainda a visita do químico e físico Bunsen[97] e do professor de filosofia Fischer,[98] ambos de renome internacional.

No dia de 1º de agosto, após mais um banho no rio Neckar, d. Pedro II prosseguiu com suas visitas a várias faculdades e, logo após, os imperadores partiram para Carlsruhe, capital do Grão-Ducado de Baden. Na estação, o grão-marechal da corte, barão Gemmingen, deu as boas-vindas em nome do grão-duque Frederico I.[99]

---

97 Roberto Guilherme Bunsen (1811-1899) foi professor da Universidade de Heidelberg e publicou muitos trabalhos, entre os quais merecem especial menção os que se referem a aplicações da eletricidade, às decomposições químicas, à construção das pilhas que levam seu nome e às investigações sobre a série do ácido cacodílico, que lhe custou um olho. Construiu o fotômetro e, com Kirchhoff, descobriu a análise espectral. Foi membro correspondente do Instituto de França desde 1853 e seu associado em 1882.

98 Kuno Fischer (1824-1907) foi professor de filosofia em Heidelberg e Iena. Encontrou dificuldades para ser admitido em Berlim por seguir a lógica metafísica, de sua inspiração e baseada muito em Hegel. Publicou obras importantes, como *Diotima ou a Ideia do Belo – História da Filosofia Moderna*, em nove volumes. Em 1860, a obra *Kant e os fundamentos de sua doutrina* deu o primeiro impulso ao movimento de volta a Kant.

99 O grão-duque Frederico I de Baden (1826-1907) era casado com a princesa Luísa da Prússia (1838-1923), filha do imperador Guilherme I. Era, também, irmão da duquesa Alexandrina de Saxe-Coburgo e Gotha, a quem os imperadores encontraram em Coburgo, e cunhado da princesa Maria de Leuchtenberg, filha de Maximiliano, irmão da imperatriz d. Amélia do Brasil.

D. Pedro II dispensou logo a guarda de honra e as carruagens colocadas gentilmente à sua disposição.

Carlsruhe era uma cidade sem grandes atrativos. Os imperadores fizeram alguns passeios e visitaram algumas instituições culturais. No dia seguinte, visitaram Baden-Baden, cidade que, por suas águas termais, seria ainda muito visitada pelo casal imperial. Baden-Baden era a Civitas Aurelia Aquensis dos romanos e, no século XIX, a capital estância da Europa.

Voltando ao trem e descendo no centro de Heidelberg, d. Pedro e a imperatriz foram aclamados pelo povo. No dia 3 de agosto, deixaram Heidelberg em direção a Munique. Era admirável como a imperatriz tinha forças para seguir o imperador nesse turbilhão de visitas. Todavia, para d. Teresa Cristina eram sempre reservadas pausas, durante as quais o imperial marido via as novidades que poderiam ser aplicadas na pátria, além de se dedicar a úteis relações públicas. Em Stuttgard, desceram do trem e fizeram um pequeno passeio pela cidade antes de retomar a viagem.

Munique

Em Munique, num dia ventoso e excepcionalmente quente, chegaram à tarde os imperadores com a comitiva. Na estação, para receber os ilustres visitantes em nome do rei, estavam o príncipe regente Luitpold da Baviera e sua filha, a princesa Teresa. Deve ter se repetido o espetáculo de todas as chegadas: d. Pedro II descia do trem com uma malinha na mão e o guarda-chuva debaixo do braço, e a imperatriz, claudicante, com um chapeuzinho, uma bolsa e um guarda-chuva, seguidos pelas demais personalidades do séquito, que desciam em fila indiana.

D. Pedro II, após cumprimentar as autoridades, dispensou todas as honras e as carruagens, e se dirigiu ao Hotel Bayrischer Hof. No hotel, receberam a visita da irmã da imperatriz, Antônia, grã-duquesa da Toscana, acompanhada pelo filho "Nando".[100] "Foi uma verdadeira consolação," escreveu d. Teresa Cristina em seu diário. Viram também a viscondessa de Almeida e a baronesa Stein, que tinha sido dama da imperatriz d. Amélia.

No dia 4 de agosto, a imperatriz foi à igreja rezar no túmulo da querida prima Augusta.[101] Ela almoçou com a irmã e o sobrinho "Nando" enquanto o imperador fazia outras visitas.

---

100 Arquiduque Ferdinando, grão-duque titular da Toscana como Ferdinando IV (1835-1908).

101 Princesa Augusta da Baviera (1825-1864) arquiduquesa da Áustria, dos grão-duques da Toscana, mãe da princesa Teresa.

Os imperadores tinham sido convidados a um banquete no Castelo de Nymfenburg, mas não compareceram. Não se sabe o motivo por que faltaram ao compromisso, nem se eles se desculparam apenas no último instante. Visitaram-nos, todavia, o regente e a princesa Teresa. O regente tinha sido casado com a arquiduquesa Augusta da Áustria, do ramo dos grão-duques da Toscana, uma das mais lindas princesas da época e amiga íntima de d. Teresa Cristina na juventude.

A princesa Teresa tinha 14 anos quando do falecimento da mãe, e sempre ficou ao lado do pai. Com personalidade excepcional, de um lado exercia as funções de primeira dama do reino e, de outro, era cientista de renome, chamada "a princesa do mato". Única filha do regente e irmã do futuro rei Luís III, dedicou-se aos estudos da botânica e da etnologia. Nos ambientes reais, isso era uma absoluta raridade, mas ela foi a figura feminina comparada a Spix e a Martius. Jovem dinâmica, tinha visitado a Rússia e percorrido de São Petersburgo até o Mar Negro, fazendo interessantes observações científicas, que depois foram comunicadas ao Museu de História Natural de Munique. Mais tarde, estendeu suas pesquisas aos Estados Unidos, à Dinamarca e à Noruega.

O encontro da princesa Teresa com os imperadores do Brasil deve ter sido instigante, visto o interesse dela pela natureza brasileira e a conversa com base científica que manteve com d. Pedro II. O imperador a convidou a visitar São Cristóvão e Petrópolis e, como sua maior inclinação era pela pesquisa da flora e da fauna da América do Sul, ela viajou várias vezes ao Brasil e percorreu, corajosamente, as matas da Amazônia, do Espírito Santo e, também, do Peru. Escreveu, em 1897, o livro *Meine reise in den brasilianischen tropen* [Minhas viagens nos trópicos do Brasil], um verdadeiro tratado científico e uma descrição muito interessante do Brasil em geral, especialmente do Rio de Janeiro e do Palácio de Petrópolis. Dedicou essa sua obra com a seguinte inscrição: "Dedicado à memória de Sua Majestade o altamente venerado e inesquecível imperador d. Pedro II do Brasil." Ao todo publicou vinte obras sobre suas pesquisas e viagens. Foi a única mulher, até hoje, a ser admitida na Academia de Ciências de Munique. Essa figura tão interessante mereceria um estudo à parte, pelo amor que devotou a nosso país.

A passagem pela capital da Baviera foi rápida. Tomaram o trem para Salzburgo e de lá seguiram, de carruagem, para as termas de Gastein, muito frequentadas pelos grandes da época. Gastein se situa a uma altitude de 1.000 metros e é atravessada pelo rio Ache, que, no meio do povoado, forma uma linda e imponente catarata.

Chegaram às termas com forte chuva e hospedaram-se no Hotel Moser. Estavam indo jantar quando encontraram o imperador Guilherme da Alemanha, um assíduo frequentador daquelas termas. Nosso monarca gostou muito do imperador Guilherme e chegou a mencioná-lo em seu diário, dizendo "não conheci velho mais amável" (Calmon, 1975, cit., p. 1.097). Encontraram-se ainda outras vezes, inclusive, pouco depois, em Bayreuth, e puderam fazer amizade em 1887. Guilherme I era dominado por Bismark, mas muito querido por seu povo, pois tinha um ar paternal que cativava. D. Pedro II nunca compreendeu por que Guilherme I cedeu ao militarismo. Calmon, no entanto, dizia: "Esquecia que cedera tudo ao seu ministro, menos a chefia do exército" (*ibid.*, p. 1.098).

As águas e o ar sadio beneficiavam a saúde da imperatriz; assim, no dia 11 de agosto, ela fez uma excursão de carruagem até uma pedra que ficara famosa por se dizer que sobre ela se havia sentado Nossa Senhora. Enquanto isso, d. Pedro II subiu a montanha a cavalo, acompanhado pelo conselheiro Macedo.

No dia 12 de agosto, o imperador se despediu de todos, pois iniciaria uma longa viagem com sua comitiva, cedo, como sempre, no dia seguinte. A imperatriz ficara em Gastein e, às 5h30 da tarde, chegaram os netos, d. José e d. Luís, filhos mais novos de d. Leopoldina, acompanhados pelo preceptor, senhor Fleischman.

No dia 14 de agosto, após uma pequena volta atrás do hotel em liteira, a imperatriz anotou em seu diário que, à tarde, deu uma volta de carruagem com seus netos, acompanhada por d. Josefina da Fonseca Costa. A presença dos netos certamente dava grande satisfação à imperatriz, e eles devem ter ficado por diversos dias em Gastein.

Os dias passavam, a saúde da imperatriz estava cada vez melhor e, no dia 12 de setembro, ela chegou a Coburgo. O telegrama enviado para avisar da chegada da imperatriz à localidade foi recebido com atraso; por isso, não havia ninguém à espera de d. Teresa Cristina quando ela desembarcou na estação. Sua comitiva era composta por dois camaristas, o almirante de Lamare, o conselheiro Souza Fontes e três damas de companhia. No diário da duquesa Alexandrina, podemos ler: "[...] eu como rapidamente e desço do Castelo de Callenberg às seis horas para o Hotel Leuthausser para visitá-la". No dia seguinte, a duquesa anota: "A imperatriz passa o dia hoje, dia de falecimento de sua mãe e de luto pela sua filha, completamente retraída".

Mais uma vez, deve ter sentido uma imensa emoção ao encontrar-se diante do ataúde da querida filha. Ninguém melhor do que a condessa de Barral, que esteve lá presente, para descrever aqueles tristes momentos numa carta ao imperador.

> A visita foi muito triste. Essa capela subterrânea tão fria, e nossa querida lá tão só. Pedi a Deus que abençoasse seus quatro filhinhos e tomara que todos estivessem ao menos juntos. Assim parecem dobradamente órfãos.
>
> A viagem até aqui tem sido regular.

A imperatriz ficou com d. Josefina da Fonseca Costa e com a condessa de Barral, tomando seus banhos, por quase um mês. Dom Pedro partiria para Bayreuth, onde se inauguraria o teatro de Richard Wagner, e depois enfrentaria uma longa viagem à Escandinávia e à Rússia, reencontrando-se com a imperatriz na Grécia, para, depois, peregrinarem juntos à Terra Santa.

O músico do futuro

D. Pedro II já havia conhecido Wagner nos salões da condessa von Schleinitz, em Berlim, durante sua primeira viagem. A condessa, grande admiradora e fautriz do célebre músico, pedia a cada um de seus hóspedes um contributo para a construção do teatro que se estava erigindo em Bayreuth. D. Pedro também teve de contribuir, quando a dona da casa lhe apresentou, com muito charme, um prato de prata.

Em 1872, Wagner havia fundado os festivais de Bayreuth, onde suas óperas são glorificadas até hoje. O grande teatro, inaugurado em 1876, é um dos maiores do mundo, com plateia de 1.800 lugares. Sua direção sempre esteve nas mãos de um dos descendentes do grande compositor. Foi bombardeado durante a Primeira Guerra Mundial, mas reconstruído posteriormente.

Guilherme I já havia rumado de Gastein para a pequena mas encantadora cidade, pois tinha sido convidado para inaugurar o novo teatro e o primeiro festival que lá se teria realizado. Talvez o tenha animado o "colega" alemão, durante os informais encontros nas termas. Pensamos que d. Pedro II teria ido a Bayreuth de qualquer maneira, pela grande admiração que tributava ao "músico do futuro", como o próprio Wagner gostava de ser chamado. Ao chegar ao hotel, o incógnito caiu, pois, ao declarar a profissão no registro, d. Pedro não podia mentir e, por isso, escreveu *Kaiser* (*ibid.*, p. 1.102).

No teatro, sentou-se ao lado de Guilherme I e, na saída, ambos os monarcas foram ovacionados apoteoticamente. Dada a grande falta de tempo, o *Kaiser* dos trópicos teve de seguir para a Dinamarca e não pôde conhecer a cidade de Bayreuth – famosa pelo castelo do século XIII e, hoje, celebrada mundialmente pelos festivais –, que tinha pertencido aos margraves de Brandenburg-Bayreuth.

Vamos reencontrar d. Pedro na Alemanha em abril de 1877, após sua cansativa mas interessante viagem à Escandinávia e ao império russo. Antes de voltar a Berlim, ele ainda visitaria, juntamente com a imperatriz e o séquito – além de d. Josefina da Fonseca Costa e da condessa de Barral – Constantinopla, Atenas, a Terra Santa, o Egito, parte da Itália e Viena (Bragança, 1966a). Parece que o imperador pressentiu a grande dificuldade que teria, no futuro, em realizar uma caminhada tão extensa pelo mundo, não somente pelo esforço físico, mas também pela situação do Brasil, pois a sucessão, tão problemática, devia preocupá-lo.

D. Pedro II e sua comitiva tinham acabado de fazer uma visita detalhada de quase duas semanas (Bragança, 2010) a Viena. A estadia terminou com um jantar oferecido pelo imperador Francisco José, com um concerto de Strauss e com uma ópera, a que a imperatriz se referia como uma não identificada "ópera tedesca". No dia 2 de abril, à 1 hora da tarde, embarcaram no trem para Berlim e muitas personalidades foram se despedir deles na estação.

A Legação de Berlim estava de prontidão, pois aguardava um telegrama sobre a data da partida. O ministro do Brasil, barão de Jauru, tinha ido ao encontro de Suas Majestades na localidade de Badenbach, conforme seu próprio ministro do exterior, o conselheiro Diogo Velho Cavalcanti de Albuquerque.[102] O trem chegou a Berlim no dia 3 de abril e, na estação, os viajantes imperiais e seu séquito eram aguardados pelo príncipe e pela princesa imperial, que os levaram nas carruagens da corte para o hotel.

---

102 Carta de 4 de abril de 1877 do barão de Jauru, Arquivo do Itamaraty.

Depois de acomodados, foi visitá-los a grã-duquesa de Baden, filha de Guilherme I, que deve ter se lastimado por não tê-los recebido em Carlsruhe. Às 5 horas da tarde, lhes foi oferecido um jantar a convite dos príncipes imperiais. Lá, se encontraram com a afilhada, a princesa Margarida, que se dirigiu em francês a eles, contando que havia passado o verão com a avó, a rainha Vitória, em Osborne (Calmon, 1975, cit., p. 1.136). O velho rei Guilherme foi de grande amabilidade e propôs a d. Pedro ver o desfile dos granadeiros imperiais. O convite foi gentilmente recusado por nosso monarca, pois ele desejava ir ao Instituto de Fisiologia, para falar com o doutor Bois Reymond. Ao doutor Reymond, o imperador pediu cópia do projeto do instituto, justificando que teria grande interesse em implantar no Brasil uma obra parecida. A estadia na Alemanha estava chegando ao fim, mas d. Pedro II ainda precisava e queria fazer uma visita ao "imperador do aço", Alfredo Krupp, em Essen.

No dia 19 de abril, as majestades chegaram a Paris e ficaram uma longa temporada na capital francesa. Dali, visitaram a Inglaterra, a Escócia, a Irlanda, a Holanda e, rapidamente, a Suíça. Para Portugal, o imperador reservou cerca de dezoito dias.

No dia 8 de setembro, em Lisboa, embarcaram no Orenoque com destino ao Rio de Janeiro. Grandes foram os festejos na chegada, no dia 26 de setembro e, naquele mesmo dia, acabou a regência de d. Isabel. O imperador pareceu não estar satisfeito com a atuação da filha, e o conde d'Eu fixou esse particular numa expressiva carta ao pai, o duque de Nemours:

> Ele não conversou com Isabel nem comigo, nem antes nem depois da regência, sobre a política ou os assuntos do estado.
>
> Não nos queixamos disso, pois temos horror à política. Mas não deixa de ser estranho que ele não tenha se informado sobre como se passaram tais e quais coisas durante sua ausência.

> No dia de seu desembarque, assim que entrou no palácio foi ter diretamente com os ministros, sem dizer palavra à filha.[103]

O imperador teve de enfrentar graves problemas após seu retorno, que foi turbado também pelo falecimento de muitos políticos importantes, colunas do império. Para ver voltar à Alemanha o imperador, devemos aguardar o 30 de junho de 1887.

103 Conde d'Eu ao duque de Nemours, Petrópolis, 29 de novembro de 1877, A.G.P., p. XLI-I.

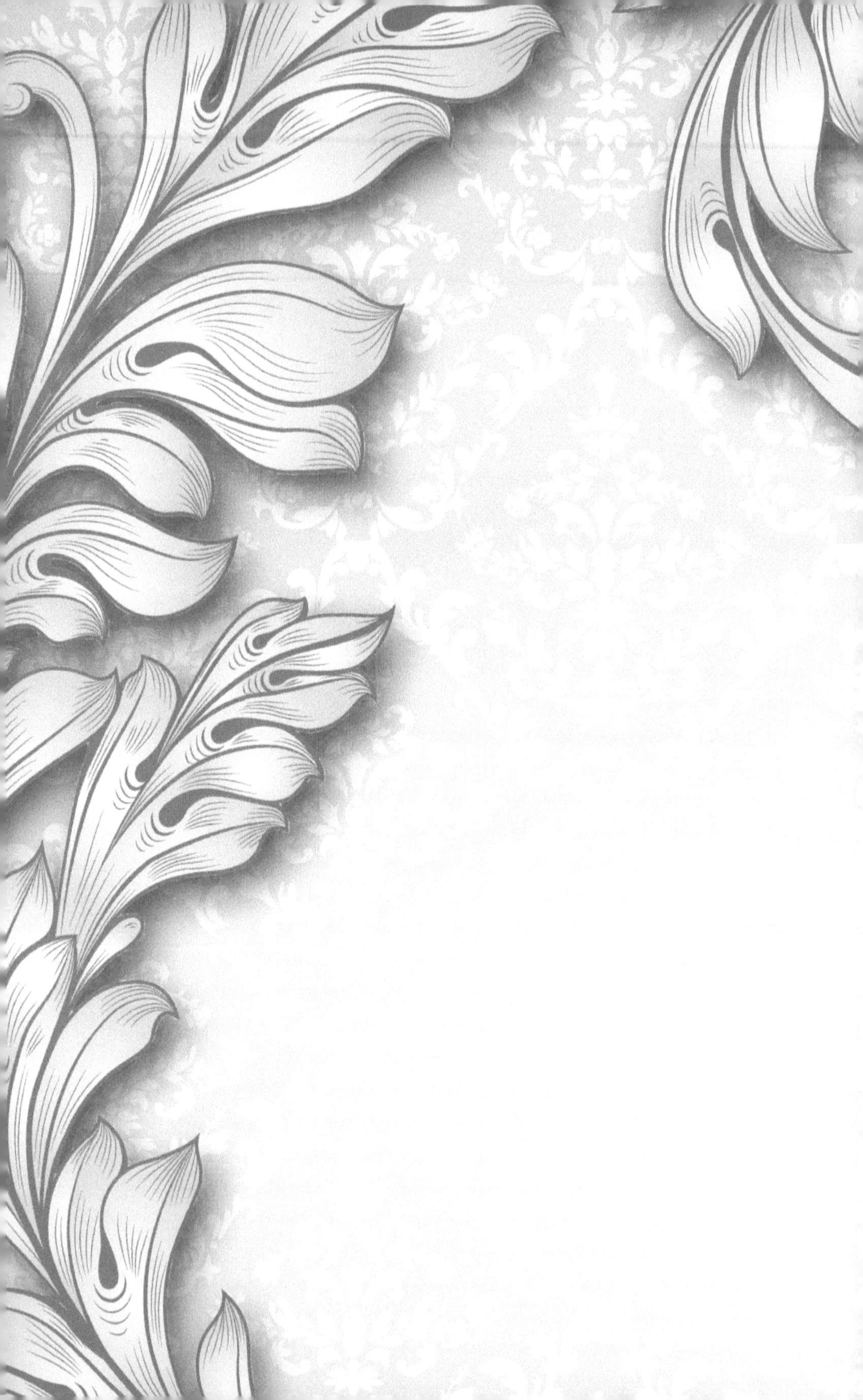

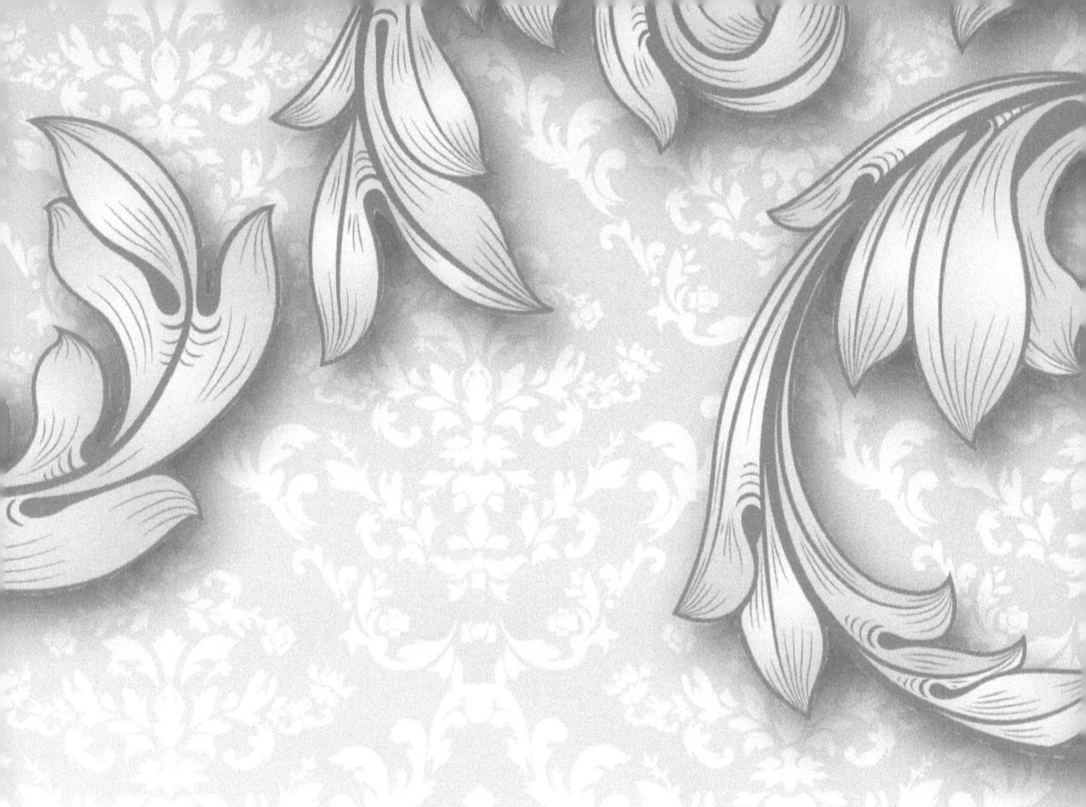

A TERCEIRA VIAGEM (1887-1888)

Anos decisivos

Entre a segunda e a terceira viagem ao exterior, decorreram cerca de dez difíceis anos. Aos poucos, as grandes colunas que sustentavam o império estavam desaparecendo e não se providenciou uma substituição com figuras eficientes da classe política. Com os falecimentos de Zacarias de Góis, de Nabuco de Araújo, do general Osório, do duque de Caxias, do visconde do Rio Branco, do visconde de Araguaia e do visconde de Abaeté, começou uma triste fileira de notáveis do império que deixaram vazios insubstituíveis.

O espírito monarquista também era pouco enraizado nos partidos políticos e, sobretudo quando estavam na oposição, o sentimento monárquico se atrofiava. O problema da sucessão por uma mulher, numa época de machismo acentuado, aumentaria a instabilidade das instituições. A fama de excesso religioso e de inexperiência da condessa d'Eu, cujas regências nada de promissor tinham trazido, causavam grandes preocupações. À inexperiência somava-se um casamento com uma figura extremamente impopular e pouco diplomática.

D. Pedro II, naquele período, realizou várias viagens pelo Brasil para procurar melhorar o contato com as províncias do império. Foi a São Paulo em 1878; ao Paraná em 1880; em 1881 foi a Minas Gerais; e, em 1885, quando as forças já o estavam deixando, esteve em Poços de Caldas.

Em 1886, faleceu seu amigo de infância, o conselheiro visconde de Bom Retiro. Devemos mencionar ainda as desordens de 1880, decorrentes da instituição do Imposto do Vintém, e a Reforma Eleitoral de 1881, com a aprovação da eleição direta. Em 14 de maio de 1887, o descontentamento no Exército manifestou-se abertamente com o protesto dos generais Câmara e Deodoro. Esse turbilhão de importantes acontecimentos trouxe pelo menos uma alegria: a aprovação da liberdade dos escravos sexagenários.

A saúde do imperador estava se deteriorando visivelmente. Em 1884, detectou-se o primeiro sintoma de uma infecção palustre. Restabeleceu-se, todavia, no decorrer de alguns dias. Três anos depois, enquanto assistia em Petrópolis a um concerto no Hotel Bragança, um segundo ataque se manifestou e, dessa vez, com certa gravidade. O corpo debilitado pela diabetes o levou a um estado de suma gravidade. Entre ligeiras melhoras e novos ataques, o estado geral de saúde de d. Pedro II ficou deveras preocupante. Ele foi transportado de Petrópolis para a Fazenda Águas Claras, localizada a 60 km de distância. As visitas foram suspensas. O ministro da Áustria transmitia para seu governo que o imperador estava gravemente enfermo. As águas da fazenda não produziram melhora em sua saúde e as preocupações aumentaram. Assim, o ilustre paciente foi levado a São Cristóvão e, em seguida, à casa da condessa de Itamaraty, na floresta da Tijuca.

Os condes d'Eu estavam na Europa desde janeiro de 1887, numa de suas longas ausências do Brasil. Cotegipe, hesitante, enviou finalmente um telegrama a eles, dizendo para que apressassem o regresso. Apesar das reiteradas declarações do conde d'Eu de que o motivo da viagem era curar o príncipe do Grão-Pará e visitar seu velho pai, que diziam doente, não faltaram suspeitas de que o afastamento do Brasil era motivado, na realidade, por divergências, entre ele e o imperador, em torno da futura sucessão ao trono, conforme afirma Heitor Lyra (Lyra, 1964).

Os médicos, diante do estado de fraqueza do imperador, o aconselharam a se curar na Europa. Os condes d'Eu tiveram de regressar ao Brasil, e d. Isabel assumiu, pela terceira vez, a regência. A atuação da princesa à frente do governo nas três ocasiões em que assumiu a regência e a pouca simpatia que se tinha pela condessa d'Eu – causada pelas prolongadas viagens à Europa, por querer que médicos franceses a assistissem nos partos, pelo desinteresse pela coisa pública, pela entronização do marido francês e por sua atuação pouco diplomática – produziram um desgaste da imagem da monarquia, sem dúvida, pois um herdeiro do trono deve representar a esperança e ser visto como uma força nova para um futuro promissor.

Quando assumiu a terceira regência, a atmosfera política estava muito agitada. O ministro de Portugal no Rio de Janeiro escreveu para Lisboa:

> A princesa imperial não é popular. Os brasileiros, em geral, não fazem a devida justiça às proeminentes qualidades que a distinguem.
>
> [...]
>
> Temem que em seu governo prevaleçam duas influências, que consideram funestas, a influência dos padres e a influência do marido (Lyra, 1964).

Deixando esse ambiente de incerteza para trás, no dia 30 de junho de 1887, às 4h30 da tarde, o casal imperial embarcou para a Europa a bordo do paquete francês Gironde, em companhia do neto predileto do imperador, o príncipe d. Pedro Augusto.[104]

104 Da comitiva faziam parte os viscondes de Carapebús; o visconde de Nioác com o filho; o doutor Mota Maia; o doutor Fritz Seibold, professor de línguas orientais; e duas damas da imperatriz.

Uma travessia relaxante

O Gironde, sob a direção do comandante Minié, deixou a Guanabara numa tarde esplêndida. O imperador, sentado na ponte de comando, admirava a paisagem, assessorado pelo segundo comandante e sob o olhar vigilante do doutor Mota Maia. A bordo encontrava-se também o barão do Rio Branco, que regressava para seu cargo de cônsul em Liverpool.

D. Pedro II não devia sequer imaginar, naquele instante, que essa era sua última partida do Rio de Janeiro como imperador. É verdade que em menos de 28 meses aconteceria outra partida, dessa vez a bordo do Alagoas, no meio da noite, pelo medo que os "heroicos" republicanos tinham de um levante da população e de parte das Forças Armadas em favor do grande imperador.

Quinhentos passageiros, das mais variadas extrações, estavam a bordo do Gironde. O imperador comentou: "É uma arca de Noé. Veem-se todos os bichos, mas o solípede é o que mais abunda aqui".[105]

O imperador devia estar descansando bastante, pois desenhava, escrevia poesias[106] ou fazia charadas para se distrair. Com Seibold, vertia *Os Lusíadas* para o alemão, traduzia *As mil e uma*

105 Diário de d. Pedro II, cit.

106 Entre as poesias que merecem ser reproduzidas, destaca-se a primeira parte de uma delas, escrita no dia 2 de julho: "Cumpri o meu dever; se mais não fiz, / É que a moléstia m'impediu a ação. / Da pátria e da família é o coração, / e por seu bem eu tudo sempre quis. / Este adeus tão saudoso, que lhes diz quem os ama, / só tem consolação na ideia de voltar, / qual dantes são para entre eles viver sempre feliz."

noites do árabe e estudava sânscrito e grego. Almoçava à mesa dos passageiros e às vezes conversava com alguns deles. À noite, os passageiros ouviam música e o imperador ficava observando, encantado, o luar que se refletia no mar.

Cruzaram a distância com o vapor Matapan, que seguia para o rio da Prata. Via-se já o Lazareto de Dacar e a ilha de Gorée. Quando chegaram a Dacar, ninguém desceu. Muitos eram os escaleres e muitos pretinhos iam apanhar as moedas que os passageiros atiravam ao mar. A embarcação recebeu novos jornais franceses, e d. Pedro II retirou-se ao salão com eles. Uma goleta de guerra espanhola estava no porto e, então, realizaram-se os cumprimentos entre os dois navios.

No dia 10 de julho, deixaram a capital do Senegal com o navio reabastecido. No dia seguinte, o ilustre viajante tirou de sua mala o relatório do barão de Ibitiruna, presidente da Junta de Higiene. O imperador deve ter gostado do que leu, pois anotou: "Hei de apresentá-lo à Academia das Ciências de Lisboa".[107] Via-se uma melhora em sua saúde, pois aumentou a atividade intelectual. Seguia com as traduções, os estudos de línguas e os desenhos.

No dia 13 de julho, levantou-se às 6 horas da manhã para ver a ilha de Fuerteventura, que faz parte do arquipélago das Canárias, mas a neblina o atrapalhou. Avistou, no entanto, o pequeno povoado de Toston e uma pequena canoa com quatro homens, que se aproximou do Gironde. O vapor, no entanto, continuou seu percurso. Estavam todos ansiosos por chegar a Lisboa, e ainda faltavam 649 milhas marítimas. Antes do jantar, d. Pedro II traduziu um trecho da *Odisseia* com o doutor Seibold.

No dia 14 de julho, passaram ao longo da costa de Marrocos, na altura de Mazagão, cidade que em 1502 havia sido fundada pelos portugueses. Campo de muitas batalhas sangrentas com os mou-

---

107 Diário de d. Pedro II, cit. A Academia de Ciências de Lisboa, até a proclamação da República, em 1910, chamava-se Academia Real das Ciências de Lisboa. Foi fundada em 1774 pelo duque de Lafões, por ordem de d. João V. É a mais importante agremiação científica do país.

ros, os portugueses a conservaram até 1768, quando o marquês de Pombal deu ordem de abandoná-la e seus habitantes foram evacuados para Lisboa. Para que tivessem um novo meio de sustento, foram enviados para a então província do Grão-Pará. Lá fundaram a colônia de Vila Nova de Mazagão.

As máquinas do vapor funcionavam a toda força. Lisboa estava, então, a 350 milhas de distância, e os passageiros começavam a se animar. Na noite do dia 15 de julho, entraram no Tejo. Às 5 horas da manhã do dia seguinte, o Forte de São Julião abriu as salvas. "Vento forte, creio que do quadrante norte. Avista-se uma fragata americana ancorada e o Lazareto do lado direito. Do lado esquerdo, o Palácio da Ajuda. Avisto um moinho trabalhando. A fragata põe a gente nas vergas, quando passamos por ela."[108]

O rei d. Luís veio a bordo cumprimentá-los, enquanto a rainha d. Maria Pia e o filho, o infante d. Carlos, ficaram no lugar do desembarque. Nota-se que não tiveram de entrar no Lazareto, como da vez passada, em 1871.

A passagem por Lisboa foi rapidíssima e sem qualquer cerimônia ou encontro especial. Na tarde do dia 16 de julho, d. Pedro de Alcântara, conforme se fazia chamar, pois "o imperador tinha ficado no Brasil", foi visitar a condessa d'Edla, segunda esposa do cunhado, o rei d. Fernando II, que havia falecido em 1885. Havia uma afinidade espiritual entre esse cunhado e o imperador, demonstrada pela longa correspondência que trocaram. No mesmo dia, d. Pedro II esteve no Palácio da Ajuda, depois no jardim São Pedro de Alcântara – e ainda deu uma volta de carro e assistiu a uma discussão na Câmara. Camilo Castelo Branco o saudou com um bilhete.

No domingo, dia 17 de julho, o imperador foi à missa na Igreja da Graça e aproveitou para verificar as várias sepulturas lá existentes. Anotou a de João de Albuquerque e, na capela-mor, a de um Noronha, mas não deu maiores detalhes. Às 4h30 da tarde, foi despedir-se da condessa d'Edla e do rei d. Luís. Acabou o dia

108 *Ibid.*

tomando o trem em direção à Espanha, na estação Santa Apolónia. Com relação a essa viagem, podemos observar duas coisas. A primeira é que o imperador tinha retomado suas forças, pois se submetia novamente a programas cansativos. A segunda é que em seus diários não há nenhuma referência à imperatriz. Os textos são redigidos, todos, no singular. No entanto, nas muitas visitas, missas e passeios, d. Teresa Cristina devia estar presente. Talvez o hábito de burocrata tenha criado um isolamento no espírito do imperador, uma maneira individualista de ser.

No trem, devem ter dormido mal, apesar da anotação em contrário de d. Pedro II, pois o imperador acordou às 5h30 da manhã. Depois de passar por diversas pequenas localidades, a composição parou por pouco tempo em Santa Olada Torrijos, onde apareceu seu afilhado Pedro,[109] filho do infante d. Sebastião. Chegaram tarde a Madri, e uma temperatura de 40 °C fez sofrer toda a comitiva.

No dia 18 de julho, d. Pedro II visitou a exposição das Filipinas depois do jantar, que lhe pareceu curiosa. No dia seguinte, foi ver a Igreja de São Francisco e o Museu de Antiquidades. Voltando ao hotel, leu os mais importantes jornais da capital espanhola e recebeu a visita do afilhado d. Pedro de Alcântara, acompanhado pela mulher d. Caridad, "que muito me agrada".[110] Partiram da estação norte às 5h45 da tarde, conforme a meticulosa anotação do ilustre viajante.

Após uma cansativa viagem, durante a qual o imperador registrou cada pequena parada e o respectivo horário, chegaram a Paris. Já passava da meia-noite do dia 21 de julho, mas diversas pessoas estavam esperando por eles na estação, entre elas a condessa de Barral e a viscondessa de Villeneuve.

---

109 D. Pedro de Alcântara (1862-1892), primeiro duque de Durcal. Era filho do infante d. Sebastião Gabriel, que nasceu no Rio de Janeiro, e de sua segunda mulher, a infante Maria Cristina. Casou-se em Madri no dia 6 abril de 1885, com María de la Caridad de Madan y Uriondo, filha do marquês de Arucas, general da armada espanhola. Deixou um filho e duas filhas. Esse ramo da casa Bourbon se extinguiu.

110 Diário de d. Pedro II, cit.

D. Pedro II estava retomando realmente as forças. No dia 21 de julho, foi à sessão dos acionistas do Canal de Suez, na qual o engenheiro Lesseps leu seu relatório. No hotel, recebeu diversas visitas e, como ainda não estivesse cansado, foi tomar chá no hipódromo. Passou dez dias em Paris e não perdeu a ocasião de visitar a Academia, nem de ver a irmã, a princesa de Joinville. Foi também assistir à ópera *A favorita*, que achou muito mais bem cantada no Rio de Janeiro. Naturalmente, visitou a delegação do Brasil e foi várias vezes à Igreja de la Madeleine. Mal sabia que, em dezembro de 1891, nessa mesma igreja, se realizariam suas honras fúnebres. Visitou ainda Ferdinand Denis, a quem achou forte, apesar de seus quase 90 anos. Uma de suas grandes satisfações foi poder assistir, em 1° de agosto, durante a sessão da Academia das Ciências, à leitura de um trabalho mineralógico de seu neto, o príncipe d. Pedro Augusto.

No dia 2 de agosto, às 19h30, partiram da estação de Estrasburgo em direção a Baden-Baden e, às 6 horas da manhã, o trem entrou na célebre estação de águas. Estavam de volta à Alemanha. Os imperadores ficariam do dia 2 de agosto até o dia 1° de outubro na famosa estação de águas. Devem ter sido dois meses de descanso, com uma vida regulada, tomando as águas salubres, mas sem a monotonia própria de estações congêneres. Baden-Baden era, na época, uma espécie de ponto de encontro de monarcas e personalidades políticas de toda a Europa. Assim, d. Pedro II, ávido em conhecer os luminares e os intelectuais de seu tempo, aproveitou esse período para estabelecer muitos contatos importantes. A imperatriz, por sua vez, recebeu a visita de muitos parentes durante a estada para tratamento. Após o desembarque, o imperador e sua comitiva seguiram para o hotel. Ali, d. Pedro se arranjou um pouco e logo foi dar um passeio a pé com o barão de Jauru, ministro plenipotenciário em Berlim, que tinha ido a seu encontro. "O Jauru deu-me notícias de meus conhecidos de Berlim."[111]

---

111 *Ibid.*

Depois do almoço, percorreu, também a pé, a povoação, e foi comprar álbuns de fotografias para a imperatriz. Inspecionou as termas, "onde se bebe a água termal".[112] Parece que estava fazendo muito calor e que, por isso, somente às 4 horas da tarde d. Pedro foi dar uma volta de carro. Não podia deixar de visitar as "casas de banho", de que muito gostou por sua amplidão, e viu as "máquinas para o movimento dos músculos".[113] Anotou com satisfação que seu peso era de 84,5 kg. Talvez essa seja a única indicação do peso do imperador em seu diário. Dentro de pouco tempo, d. Pedro II iniciaria, sob a orientação do famoso professor Adolf Kussmaul,[114] da Universidade de Estrasburgo, aplicações de duchas, massagens, ginásticas e passeios não fatigantes. Quanto aos passeios, notaremos que ele não se manteve estritamente fiel às ordens do médico. D. Pedro II gostou muito da paisagem, seja das redondezas, seja dos amplos parques que enfeitam a pequena cidade. Terminou aquele dia jantando com o barão de Jauru e fazendo uma excursão de carro a um morro próximo. Na sumidade deste, visitou uma galeria defronte de uma "casa de caça", na qual se estava realizando um concerto. Esse foi o primeiro dia em Baden-Baden. Devemos sublinhar que, nos diários de viagem do imperador, não encontramos anotações de caráter político ou referências aos acontecimentos no Brasil. Viajava como um turista qualquer, desejoso de livrar-se de qualquer preocupação.

No dia 3 de agosto, depois do almoço, d. Pedro II se encontrou com seu confrade da Academia Francesa, Maxime Du Camp.[115] Eles deviam ter interesses em comum, pois Du Camp era orien-

---

112 *Ibid.*

113 *Ibid.*

114 O doutor Adolf Kussmaul (1822-1902) era descendente de uma dinastia de médicos e cirurgiões, e autor de muitas publicações. Tinha estudado nas universidades de Viena e Praga, e era um dos luminares da época em pressão arterial, tendo realizado importantes descobertas. O imperador estava em ótimas mãos.

115 Maxime Du Camp (1822-1894), escritor francês, fotógrafo, orientalista, fundador das revistas *Revue des Deux Mondes* e *Revue de Paris*. Amigo de Gustave Flaubert e de Garibaldi, a quem seguiu como voluntário. Publicou *Expédition des Deux-Siciles* em 1861, foi senador em 1870 e tornou-se membro da Academia Francesa em 1880.

talista, fotógrafo famoso e escritor, chamado "o almanaque vivo da França". À tarde, o imperador foi visitar um estabelecimento de piscicultura de salmões e enguias nos arredores. No Brasil, devíamos estar ainda nos primórdios de similares estabelecimentos, pois o imperador levou um folheto com claras indicações sobre essa moderna criação. Depois do jantar, conversou com o barão de Jauru, a quem encontraria muito frequentemente durante sua estadia em Baden-Baden. Os dias tinham de ser bem aproveitados; assim, foi ao teatro assistir à opereta *Fledermaus* [O morcego], de Johann Strauss, e escreveu em seu diário que a "cantaram agradavelmente".[116]

O dia seguinte foi calmo pela manhã. D. Pedro II fez um pequeno passeio a pé e visitou algumas lojas, onde comprou um guia turístico de Baden-Baden e da Floresta Negra. Depois do almoço, visitou o castelo de Eberstein, que se encontra a 387 metros de altura e possui interessantes coleções. Seguiu ainda para o castelo A Favorita, edificado em 1725 pela viúva do margrave Luís Guilherme, que tinha vencido os turcos numa árdua batalha. Nesse castelo existe uma notável coleção de porcelanas. Após jantar com o barão de Jauru, foi ouvir um grande concerto militar, onde se encontrou novamente com Maxime Du Camp.

No dia 5 de agosto, após a ducha e um passeio a pé, almoçou às 10h15. À tarde, foi visitar Ebersteinburg e o Castelo de Hohenbaden, de onde se goza de uma linda vista sobre a cidade e as redondezas. Passou pelo "desfiladeiro do lobo" e foi ao Teatro Walhalla, onde assistiu à opereta *O castelo encantado*, com libreto de Alois Berla,[117] da qual disse: "não é feia".[118]

Não haveria de cumprir rigorosamente as recomendações do professor Kussmaul pois, no dia 6 de agosto, subiu os 132 degraus da torre no Teufelskanzel, de onde se descortina uma paisagem

116 Diário de d. Pedro II, cit.

117 Alois Berla (1826-1896) foi dramaturgo, músico e cantor. Dominou o teatro popular vienense e deixou 114 obras em quatro gêneros.

118 Diário de d. Pedro II, cit.

até as flechas da Catedral de Estrasburgo. No dia 7 de agosto, subiu outra torre em Steinbach e foi ver, perto da estação, a estátua esculpida em memória do arquiteto Steinbach, o construtor da Catedral de Estrasburgo.

Finalmente, no dia 8 agosto dedicou-se um pouco à família, pois foi à estação receber a irmã da imperatriz, a grã-duquesa Antônia da Toscana. No mesmo dia, à tarde, veio o genro, o duque de Saxe, com o filho Luís, que tinha 15 anos[119] visitar os sogros. Foi uma alegria também para d. Pedro Augusto abraçar o pai e o irmão. O outro irmão, José, estava estudando na escola de oficiais, perto de Viena. Ninguém sequer imaginava que, em 13 de agosto do ano seguinte, d. José faleceria vítima de pneumonia.

No dia 9 de agosto, sempre ocupado com as duchas e com os livros, o professor Kussmaul visitou o imperador para verificar se cumpria suas indicações. Notamos que depois da visita do professor Kussmaul, o ritmo de d. Pedro diminuiu e, entre os dias 10 e 17 de agosto, a vida correu sem grandes acontecimentos. Encontrou-se com o príncipe de Tailleyrand, que havia conhecido em Florença, e também com Maxime Du Camp.

No dia 17 de agosto, chegou a Baden-Baden a princesa d. Januária, com o filho Luís[120] e o neto Luís Maria.[121] Ficaram ali por alguns dias e devem ter se hospedado num hotel próximo, pois jantavam juntos frequentemente.

No dia 22 de agosto, o casal imperial levou d. Januária, o filho e o neto à estação, onde se despediram. Devemos lembrar que d. Januária foi a primeira princesa imperial do Brasil e que, desde 1844, quando deixou o Brasil, nunca mais teve a sorte de rever sua pátria. Prosseguindo em suas atividades intelectuais, d. Pe-

---

119 D. Luís de Saxe-Coburgo e Bragança (1870-1942), terceiro filho da princesa d. Leopoldina e do duque de Saxe.

120 O príncipe Luís Carlos de Bourbon-Duas Sicílias (1845-1909), por causa de seu casamento com Maria Amélia Hamel y Penot, nascida em Havana, Cuba, em 1847, e falecida em Paris em 1914, recebeu o título de conde de Roccaguglielma.

121 Luís Maria de Bourbon (1873-1949), segundo conde de Roccaguglielma.

dro II começou a traduzir, com o doutor Seibold, trechos hebraicos. Outra novidade para o ilustre paciente era começar a usar os aparelhos Zander para fortalecer a musculatura. Esses aparelhos foram inventados pelo médico sueco Gustav Zander em 1860, e ulteriormente desenvolvidos para realizar setenta exercícios terapêuticos.

Intensificam-se as lições de hebraico, assim como a tradução de *Os lusíadas* para o alemão. No dia 25 de agosto, d. Pedro II anotou:

> Acordei as 7 h. 9:30 estou na mesa, tomei ducha, fiz ginástica Zander, experimentei o Sismógrafo e dei meio passeio a pé. 12:40 estive com Lemeister que foi ministro da Alemanha no Rio e o é agora na Grécia.
>
> Li com Seibold a tradução alemã das Lusíadas, comparando-a com a original.
>
> 4:30 fui ouvir música. Falei com Alfieri[122] e a Marliani [irmã do Quintino Sella][123] minha conhecida de Florença.
>
> 11:45 estive com o Príncipe Tschiatschef também conhecido em Florença da vez passada.
>
> Ele é autor de uma viagem interessante na Ásia Menor e membro correspondente, se já não associado estrangeiro da Academia das Ciências de Paris.
>
> Estive no concerto das 8. Conversei aí com diversos e cantando eu o Hino da Independência. Escreveu-o Baligant, que o tocou depois no piano e há de ser tocado aqui a sete de setembro na "Conversationshaus".
>
> Tomei chá; passiei com o Nioác no corredor. Vou deitar-me.[124]

Nota-se a meticulosidade com que o imperador registra os horários. No dia 27 de agosto, "[...] tinha ido ao fotógrafo onde tirei

122 Marquês Alfieri.

123 Quintino Sella foi ministro das finanças da Itália e fundador do Club Alpino Italiano.

124 Diário de d. Pedro II, cit.

um grupo de mim, Imperatriz e companheiros de Honra".[125] No dia 3 de setembro, à tarde, recebeu a visita do grão-duque Frederico de Baden. Nos dias seguintes, tomou lições de grego e recebeu a visita do cunhado, o grão-duque da Toscana. Em 7 de setembro, o imperador acordou e logo anotou em seu diário: "7 de setembro, sábado 7 h. Salve, três vezes salve!"[126] Em seguida, fez um passeio, e devia chover, pois, voltando, suas botas precisavam ser limpas. Já se preparava para a festa da independência, "receio festa aguada", a qual se limitou à presença dos imperadores nos quiosques, onde eles ouviram o Hino da Independência e outras músicas do programa.

No dia 9 de setembro, viajou para Karlsruhe a fim de retribuir a visita do grão-duque de Baden e felicitá-lo pelo aniversário, assinando seu nome no livro de honra. No dia seguinte, foi visitado pelo professor doutor Georg Rümker, diretor do Observatório de Hamburgo, que tinha recebido publicações do observatório do Rio de Janeiro e com o qual se entreteve sobre questões astronômicas.

Nos dias 12 e 13 de setembro, foi visitar o casal imperial a grã-duquesa Alice da Toscana[127] e seus filhos, e d. Pedro achou que um deles se parecia com d. Pedro Augusto. No fim da visita, um dos filhos recebeu um relógio do imperador.

Os dias seguiam com os habituais exercícios e curas, as lições de hebraico e alemão e as diversas idas ao teatro. Entre as visitas recebidas, anotou a da imperatriz da Alemanha e a da grã-duquesa-mãe da Toscana, irmã de d. Teresa Cristina.

Então, chegou o dia 23 de setembro. O imperador passou parte do dia em Karlsruhe, assistindo à conferência da Cruz Vermelha, e entreteve-se com diversos participantes, entre eles o marquês de Vogüé, orientalista distinto e membro do Instituto de

---

125 *Ibid.*

126 *Ibid.*

127 Grã-duquesa Alice da Toscana (1849-1935), nascida princesa de Bourbon-Parma, casada com o arquiduque Ferdinando IV (1835-1908), grão-duque de Toscana.

França. Almoçou no palácio, hóspede do grão-duque, juntamente com outras personalidades. Sempre no âmbito da conferência, à tarde viu a exposição de ambulâncias e vagão-enfermaria, e notou apenas a falta de cordão em cada leito, para que o doente pudesse pedir socorro facilmente. Terminou o dia visitando uma exposição de ferro batido que "muito me agradou, pelo trabalho de muitos objetos".[128]

No dia 27 de setembro, veio visitá-los a princesa Teresa da Baviera, que conheceram em Munique, em agosto de 1876. O casal imperial, como vimos, muito se afeiçoara a ela, que jantou com os imperadores no dia seguinte. O imperador estava encantado com a princesa, por sua cultura e sede de saber. Esse sentimento devia ser recíproco. D. Pedro II já a havia convidado para ir ao Rio de Janeiro e, para animá-la, talvez, "dei-lhe um [guia] de viagem ao Brasil em Alemão que não li ainda e achei aqui à venda. A Teresa da Baviera despediu-se".[129] O dia 28 de setembro, contudo, ainda não tinha acabado, pois a imperatriz e d. Pedro Augusto foram ao teatro ver a ópera cômica *La Dame Blanche*, e o imperador seguiu para a estação para receber o rei dos belgas. Eram os últimos dias de d. Pedro II em Baden-Baden e, talvez por isso, nota-se uma movimentação maior por parte do imperador.

Em 29 de setembro, visitaram o grão-duque de Baden e, sempre com a imperatriz, foi ver o rei dos belgas. No dia 30 de setembro, o grão-duque de Baden ofereceu um almoço e um jantar para os ilustres hóspedes. Participaram das refeições, também, a imperatriz da Alemanha e o príncipe Enrique da Alemanha, filho do príncipe imperial, que já visitara o Rio de Janeiro, e a princesa de Nassau. "Foi tudo muito agradável",[130] comentou d. Pedro.

Com essas manifestações de apreço, encerrou-se o período de cura em Baden-Baden. O casal havia se restabelecido, e os médicos deviam estar satisfeitos, pois não fizeram recomendações

128 Diário de d. Pedro II, cit.

129 *Ibid.*

130 *Ibid.*

especiais. As malas deviam estar em fase de preparação para a viagem, que se iniciaria no dia seguinte. Seria uma jornada penosa, profundamente emotiva: seguiriam para Coburgo a fim de rezar no túmulo da querida filha Leopoldina, duquesa de Saxe.

Coburgo

No dia 1° de outubro de 1887, os imperadores partiram para Coburgo às 10 horas da manhã. Grande foi o número de cabeças coroadas e de diplomatas brasileiros – entre os quais se destacava o barão de Penedo – que foram se despedir do casal imperial.

D. Pedro II descreve minuciosamente, como de seu costume, cada parada que o trem fez, anotanto a hora, os minutos e o nome das localidades, como Eberbach, Neckargerach, Dallau e Adelsheim, entre outras. Jantaram em Würzburg, na estação. A pressa de chegar a Coburgo era grande; por isso, não visitaram a esplêndida cidade de Würzburg, capital de um antigo bispado principesco, onde fica o castelo medieval de Marienburg e a famosa residência episcopal, que abriga afrescos do pintor italiano Tiepolo.

Retomaram o trem especial quando estava anoitecendo. Às 9h30 da noite, o trem entrava na estação de Coburgo. A duquesa Alexandrina, na ausência do marido Ernesto II, os estava aguardando. Com muitos detalhes, ela deixou registrado em seu diário íntimo a seguinte descrição do acontecimento:

> [...] Eu segui por volta das 9 horas para a estação para a recepção do casal imperial do Brasil. Uma guarda de honra estava formada e entoou o hino nacional brasileiro, assim que o trem chegou. Na sala de espera estão o conselheiro von Ketelhold e outros... a querida imperatriz vem ao meu encontro com os braços abertos, e o imperador me apertou jubilosamente a mão.

> Após rápida apresentação, subiram em suas carruagens e seguiram para o hotel e eu para casa. Muita satisfação eu tive também em ver o Pedro [D. Pedro Augusto] o qual agora tem 21 anos.[131]

Os imperadores hospedaram-se no Hotel Leuthäusser. O dia seguinte amanheceu encoberto, úmido e frio – fazia apenas 6 °C. Dirigiram-se para a Igreja de Santo Agostinho. O vigário, padre Fleischmann, os conduziu até a cripta, que era bem iluminada e estava enfeitada com muitas flores. Foi, então, celebrada uma missa solene, enquanto os imperadores e o príncipe rezavam com maior recolhimento, ao lado do sarcófago da princesa d. Leopoldina. Estavam todos emocionados, os imperadores e o jovem d. Pedro Augusto, que viu a querida mãe pela última vez em 1872, com apenas 6 anos de idade. O imperador confiou ao seu diário: "Muito me custou não chorar como uma criança perto do túmulo da minha Leopoldina".[132]

Após a missa, seguiu-se uma singela cerimônia fúnebre e, em seguida, os imperadores e demais presentes depositaram coroas de flores sobre a tumba da princesa e do príncipe Augusto, seu sogro, que desde 1881 também repousava na cripta.

De volta ao hotel, o casal imperial almoçou e recebeu a visita do filho do duque de Edimburgo, que estava estudando no ginásio em Coburgo. "Este menino agradou-me," comentou o imperador.[133] Em seguida, foram ao Castelo Callenberg, nos arredores da cidade, onde a família ducal habitualmente residia. "Vi o que pude do Castelo de Callenberg. Hei de voltar para jantar,"[134] escreveu d. Pedro. A duquesa, por sua vez, anotou:

131 Arquivo da Casa de Saxe-Coburgo, A-I. 28 b-18 e A-III, n. 79.
132 Diário de d. Pedro II, cit.
133 *Ibid.*
134 *Ibid.*

> [...] às 12 horas fui ao Hotel Leuthäusser e visitei o querido par imperial. Depois fui rapidamente visitar os filhos de Edinburg [o duque] dos quais me despeço. Logo em seguida chegaram [ao castelo de Kallenberg] os imperadores e o Pedro; olharam tudo com o maior interesse, quartos, quadros e vistas e depois regressaram. Logo após as 5 horas voltaram para o jantar de família. O imperador subiu a torre do castelo depois se seguiu, na mesa, uma animada e cordial conversação.
>
> Logo após duas horas, os queridos hóspedes voltaram para Coburgo (Bragança, 1966).

Convém lembrar que a duquesa Alexandrina era, pelo nascimento, uma princesa de Baden, irmã do grão-duque Frederico, que havia mantido um cordial contato com os imperadores durante a permanência dos mesmos em Baden-Baden.

No dia seguinte, dia 3 de outubro, é chegado o momento da despedida. Disse a duquesa:

> [...] de manhã às 7:45 segui para estação onde o trem partiu às 8:18. Já encontrei os queridos viajantes na sala de espera. Estiveram presentes as mesmas pessoas que compareceram no dia da chegada, antes de ontem.
>
> O querido casal imperial me acumula de bondade e amabilidade e se despede da maneira a mais comovida.
>
> A querida imperatriz me deixou 4 maços de flores que eu, assim que fui para Coburgo deixei na tumba de sua querida filha...[135]

Essa foi a despedida, a "comovida despedida", como disse a duquesa Alexandrina, de nossos imperadores, que pressentiam, talvez, que nunca mais retornariam àquelas paragens. A imperatriz

---

135 Arquivo Casa Saxe-Coburgo, A-III, n. 48.

morreria dois anos mais tarde e o imperador, quatro anos depois, ambos exilados.

A duquesa Alexandrina, a quem os imperadores sempre dedicaram uma afeição especial, nunca deixou de se preocupar com o jazigo da princesa, tão prematuramente longe do mundo material. O que nos comove em toda essa história é ver a princesa do Brasil, d. Leopoldina, sepultada condignamente, é verdade, mas tão longe da pátria que a viu nascer.

Deixando a Alemanha

Dessa vez o destino seria Colônia. Passaram por Würzburg, por Aschaffenburg e Darmstadt. Na última cidade, o imperador lembrou que ali nascera o famoso químico, o barão Liebig, do qual procurou em vão a estátua, que devia estar na estação. Às 10 horas da noite, entraram no hotel em Colônia. "Já vi, passando, a catedral. No caminho flamejavam as fornalhas da fábrica Krupp, à margem do Reno."[136] Veio o filho de Krupp cumprimentá-lo rapidamente.

No dia seguinte, d. Pedro II levantou-se cedo, como sempre. Era um dia escuro; chovia, e o imperador resolveu tomar um banho de chuva. Almoçou na companhia do filho de Krupp e, depois, foi à catedral e lá ficou por mais de uma hora. Incansável, dirigiu-se à Igreja de São Pedro, para admirar o famoso retábulo de Rubens, a *Crucificação de São Pedro*. Mais tarde, foi visitar o museu, encontrou-se com seu diretor e terminou o dia com uma ida ao teatro.

No dia 5 de outubro, de manhã, tomou o trem para Bruxelas, no qual o rei dos belgas e três ajudantes também embarcaram. Foi nesse dia que acabou a terceira visita dos ilustres viajantes à Alemanha. No entanto, como sabemos, a terceira viagem à Europa não estava terminada. Quem poderia acreditar num restabelecimento tão notável da saúde do imperador, quando, perto de cinco meses antes, se temia por sua vida?

---

136 Diário de d. Pedro II, cit.

O barão do Rio Branco, que havia encontrado d. Pedro II na chegada a Paris, assim comenta o estado de saúde do imperador, num artigo do *Jornal do Comércio*:

> Sua Majestade lucrou muito com a sua cura em Baden-Baden.
>
> Os dois meses ali passados tranquilamente foram-lhe patentemente proveitosos. Está mais forte do que ao deixar Paris e com ótima aparência.
>
> Repetirei com Bouchard e Peter que o imperador não é um homem doente, mas apenas um homem fatigado.
>
> Ele carece, sobretudo agora, de repouso, e mais tarde ao voltar ao Brasil, desse higiênico e moderado trabalho que a sua idade impõe.
>
> [...] O imperador, chegando aos 62 anos, deve convencer-se de não ser o moço de 1840 a 1860, nem o homem excepcionalmente vigoroso que continuou a ser. (Lyra, 1977, vol. 3, p. 58)

Muita água passaria por debaixo da ponte, até a chegada dos imperadores ao Rio de Janeiro. Eles ainda visitariam a Bélgica, a França e a Itália, e embarcariam, em 5 de agosto de 1888, de Bordeaux para o Brasil. Essas frenéticas viagens, todavia, devem ter enfraquecido o monarca, pois d. Pedro caiu gravemente doente em Milão, salvando-se por milagre.

Um acontecimento político importante ocorrido durante a viagem à Europa foi a assinatura, pela condessa d'Eu, impulsionada pela opinião popular, da lei que libertava os escravos, no dia 13 de maio de 1888. O imperador recebeu com grande júbilo essa notícia, pois ele mesmo, há muitos anos, estava estudando uma maneira de libertar o país da mancha da escravidão. Todavia, ele refletia sobre as consequências de uma ação precipitada. Assim, transcrevemos um trecho significativo, publicado por Heitor Lyra, que bem mostra a opinião do monarca sobre o problema.

> Ao voltar para o Brasil, de sua terceira viagem para Europa, em 1888, depois da promulgação da lei do 13 de maio, o im-

> perador dirá a Gofredo Taunay, irmão do Visconde do Taunay, estas palavras, transmitidas pelo próprio Gofredo Taunay ao autor.
>
> "Estimei naturalmente saber que não há mais escravos no Brasil. Mas acho que a solução foi precipitada; não se precisava ter ido tão longe, assim de uma só vez. A escravatura é uma das bases da riqueza do país e sua extinção radical de uma só vez poderá trazer as mais graves consequências". (*Ibid.*, p. 169)

Com o término dessa terceira viagem à Alemanha, iniciaram-se momentos muito difíceis na vida de d. Pedro II. No dia 22 de agosto de 1888, os soberanos desembarcaram no Rio de Janeiro sob um entusiasmo popular nunca visto, apesar da inquietação política reinante.

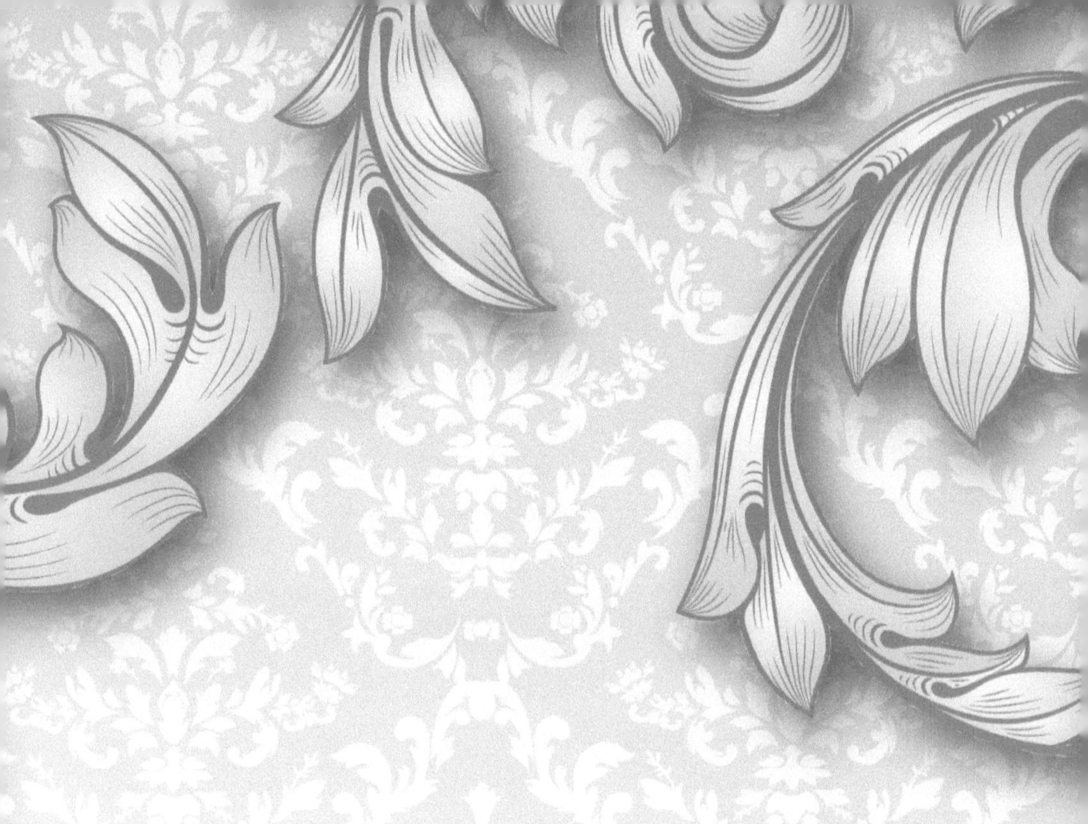

ÚLTIMAS VISITAS (1890-1891)

D. Pedro II, de volta ao Brasil, esteve envolvido numa nuvem de glória e simpatia pela abolição da escravidão, mas sua figura ficou também minada pelo desentendimento entre a classe militar e o poder civil. No entanto, o imperador não soube aproveitar a enorme popularidade de que desfrutava em relação às massas para realizar as muitas reformas que eram almejadas e necessárias.

Em 1886, apareceram os primeiros sinais de que o imperador, minado pela doença e impotente, via que o fim do regime estava se aproximando, principalmente por causa da impossibilidade de uma adequada sucessão.

O fato de permitir aos condes d'Eu tão longas viagens ao exterior era um dos sintomas, na opinião íntima do monarca, de que o destino do casal estava politicamente selado. D. Pedro II manteve a filha e o genro completamente excluídos das manobras políticas, pois haviam perdido a credibilidade diante da classe política. Certamente a fama de beata de d. Isabel e o juramento de obediência ao papa a tornaram inaceitável aos partidos da época, ainda mais usando, a princesa imperial do Brasil, um título estrangeiro. Por sua parte, Gastão de Orléans, o conde D'Eu, foi, infelizmente, sempre impopular. Era considerado um estrangeiro que eventualmente reinaria nos bastidores. Ninguém, contudo, pode negar sua honestidade, nem que ele tenha sido um bom marido e um pai exemplar. Essas ótimas qualidades não eram, todavia, suficientes para a alta posição que assumiria.

Essas circunstâncias, além de não lhes permitir um contato direto com o povo, facilitaram os ataques dos radicais e da imprensa. Se muitos foram os erros do casal d'Eu, também d. Pedro II não esteve isento de culpa.

Os acontecimentos de 1889 são conhecidos por todos: a rápida conclusão da monarquia e o trágico e injusto exílio de d. Pedro II e de sua família. Com a queda do império, o Brasil saiu de um regime de absoluta liberdade, moralidade e estabilidade econômica, para entrar em uma ditadura e enfrentar a instabilidade monetária. No dia 7 de dezembro de 1889, d. Pedro II, a imperatriz e toda a família imperial desembarcaram do vapor Alagoas em Lisboa. Destronado, deportado como um criminoso para o estrangeiro, sem mais as inúmeras ocupações que desempenhava como chefe de Estado e como pai bondoso e justo de seu povo, sem seus livros e papéis que tantos estímulos lhe tinham dado, ficou confinado, pobre, em um quarto de modesto hotel.

Chegaram a Lisboa em meio aos festejos da aclamação do rei d. Carlos. Os condes d'Eu deixaram os sogros e foram logo para a Espanha visitar o tio predileto, o duque de Montpensier. D. Pedro II e a imperatriz decidiram seguir para o Porto, passando por Coimbra. Não queriam criar problemas para o sobrinho, o novo rei d. Carlos, que deveria começar o reinado sob bons auspícios.

No dia 23 de dezembro, os imperadores chegaram a Coimbra. Estavam presentes o governador civil, professores da universidade e altos funcionários, e também uma guarda de honra, que lhes apresentou armas na estação. D. Pedro deve ter achado isso anacrônico. Algumas horas depois, d. Pedro foi, em companhia do bispo-conde de Arganil, ao Convento de Santa Clara, onde abriram para ele o túmulo da rainha Santa Isabel. D. Pedro beijou-lhe reverentemente a pequena mão descarnada.

Chegaram ao Porto em uma noite muito fria. Hospedaram-se no Grande Hotel, que, de grande, tinha apenas o nome. D. Pedro foi logo à Igreja da Lapa render homenagem ao coração do pai, que o tinha oferecido, em 1834, por testamento, à "cidade invicta". Admirou o mausoléu que a imperatriz d. Amélia tinha mandado construir na parede lateral do altar-mor do imponente templo para acolher a preciosa relíquia do grande imperador e rei.

Visitou, ainda, a casa em que morou e faleceu, em 1849, o rei Carlos Alberto da Sardenha, um proscrito como ele. Dirigiu-se, em seguida, ao Paço do Conselho, onde foi recebido com todas as honras. No Porto, havia o Consulado do Brasil, dirigido pelo cônsul-geral Manuel José Rabelo. D. Pedro compareceu a essa repartição para prestar homenagem ao representante consular de sua pátria, agora não como imperador, mas na qualidade de um simples brasileiro.

No dia 28 de dezembro, realizou-se a aclamação do rei d. Carlos I, com grandes festividades. Pela manhã, d. Pedro deixou o hotel e dirigiu-se à escola de Belas Artes, acompanhado pelo conde Mota Maia. A imperatriz estava maldisposta desde que desembarcara em Lisboa e preferiu ficar no hotel. Fazia muito frio e ela não ousava sair, com receio de piorar a bronquite que a atacara em Coimbra. A visita à escola de Belas Artes foi subitamente interrompida pelo cônsul Manuel Rabelo, que veio comunicar a d. Pedro que a imperatriz sofrera uma síncope. O coração de d. Teresa Cristina, doente desde algum tempo, não resistiu às muitas emoções que provou antes da partida do Brasil. Ela teve tempo de pedir a presença de um sacerdote, e acorreu o padre Conceição de Braga, de passagem pelo Porto, que lhe administrou a extrema-unção. Foi chamado, também às pressas, o doutor Henrique Maia, que, já ao chegar, constatou a morte da imperatriz. Assim faleceu "a mãe dos brasileiros" a "Santa imperatriz do Brasil".

O imperador ficou profundamente abatido. Externou sua dor numa página comovedora:

> [...] não sei como escrevo. Morreu haverá meia hora a imperatriz, essa santa [...] Ninguém sabe como era boa e sofria mais pelos outros do que por si. Como a sua madrinha a Rainha de Savoia [Rainha de Nápoles e mulher de Ferdinando II] merece ser santificada [...]. (*apud* Lyra, pp. 149-150)

O visconde de Ouro Preto, também exilado em Portugal, foi procurar o monarca naquele momento de grande provação. Estava em companhia do filho Afonso Celso, e ambos foram admitidos nos aposentos do imperador, aquele modesto e não aquecido quarto do hotel. Afonso Celso descreveria, mais tarde, esse pungente encontro:

> A um canto, a cama desfeita, e em frente um lavatório comum, no centro larga mesa coberta de livros e papéis. Um sofá, algumas cadeiras completavam a mobília. Tudo frio, desolado

e nu. Os joelhos envoltos numa coberta ordinária, trajando velho sobretudo, Dom Pedro II lia sentado à mesa um grande livro, apoiando a cabeça na mão. Ao nos avistar acenou para que nos aproximássemos.

Meu pai curvou-se para beijar-lhe a testa. O imperador lançou-lhe os braços aos ombros e estreitou-o demoradamente contra o peito. Depois ordenou que nos sentássemos perto dele. Notei-lhe a funda lividez. Calafrios arrepiavam-lhe a cútis por vezes. Houve alguns minutos de doloroso silêncio. Sua Majestade quebrou-o apontando para o livro aberto: "Eis o que me consola...", disse com voz cava. "Vossa majestade é um espírito superior", replicou meu pai, "Achará em si mesmo a necessária força." Não respondeu. Depois de novo silêncio mostrou-nos o título da obra que percorria, uma edição recente, formosamente impressa da *Divina Comedia*.

Então, com estranha vivacidade pôs-se a falar de literatura, revelando, a propósito do poeta florentino, rara e vasta erudição.

Após uma pausa perguntou a meu pai: "E não pensa regressar ao Brasil?"

"Estou banido, senhor."

"É exato... estamos. Nem me lembrava." Concluiu com tristíssimo sorriso.

"E mudando de assunto discorreu sobre várias matérias e enumerando as curiosidades do Porto, indicou o que de preferência devíamos visitar.

Não aludiu uma única vez à imperatriz.

Só quando, ao cabo de meia hora, nos retirávamos, observou baixinho: "A câmara mortuária é aqui ao lado. Amanhã às 8 horas há missa de corpo presente."

Saímos.

No corredor verifiquei que o meu chapéu havia caído à entrada do aposento imperial.

> Voltei para apanhá-lo e pela porta entreaberta deparou-se-me tocantíssima cena.
>
> Ocultando o rosto com as mãos magras e pálidas, o imperador chorava.
>
> Por entre dos dedos corriam-lhe as lágrimas, deslizavam-lhe ao longo da barba nívea e caíam sobre as estrofes de Dante (Celso, 1893).

Depois das exéquias no Porto, o corpo de d. Teresa Cristina foi trasladado para Lisboa, ao Panteão da Casa Real em São Vicente de Fora. Ao solene enterro em Lisboa, compareceram delegações de quase todos os países; o governo republicano do Brasil não enviou nenhum representante, ou seja, faltou grandeza de espírito a seus governantes para homenagear quem tanto bem tinha feito a tantos necessitados, muitas vezes sob anonimato.

Triste, só, pobre e vivendo de recordações, d. Pedro se transferiu para Cannes, depois de ter passado por Versalhes e Paris. Finalmente, em 9 de agosto de 1890, retornava a Baden-Baden. Passava de meia-noite quando chegou, hospedando-se no Hotel Stephania. Como de costume, levantou-se cedo. Uma vez que já conhecia tudo, somente faltava-lhe sua "Santa". Procurava todos os contatos possíveis e traduzia poemas de Schiller, sobretudo "Die Glocke" [O sino], para relembrar o alemão.

Uma das alegrias que teve nessa viagem foi a notícia de que d. Isabel tinha recebido uma carta da princesa Teresa da Baviera, que voltara do Brasil e disse que o visitaria. A princesa, vinte e cinco anos mais moça do que o imperador, o fascinava particularmente por sua cultura, seu espírito de pesquisa e pelo interesse que sempre demonstrara pelo Brasil.

Os dias corriam e d. Pedro seguia as prescrições dos médicos: tomava suas duchas e cumpria sua rotina de exercícios físicos. Os muitos amigos tinham desaparecido como por encanto, mas os bons continuaram a visitá-lo, como Nioác, Carapebus, doutor Mota Maia e alguns que haviam deixado o Brasil. A condessa d'Eu estava em Baden-Baden com o filho Antônio. D. Pedro fazia pequenos passeios, acompanhado por este ou aquele amigo.

No dia 14 de agosto, d. Pedro anotava, triunfante, que tinha acabado de traduzir "Die Gloke". O acadêmico Maxime Du Camp, que também se encontrava em Baden-Baden, o distraía com sua conversa interessante e lhe emprestava obras literárias. Adelaide Ristori, sua fiel correspondente há muitos anos, igualmente o entretinha com suas cartas.

No dia 18 de agosto, quase à meia-noite, chegou a princesa Teresa da Baviera. O imperador, d. Isabel e seu filho Antônio foram buscá-la na estação. A destemida princesa, na ocasião, tinha 40 anos e já havia feito pesquisas botânicas em toda a Europa, nos Estados Unidos e em boa parte das matas da América Latina. A presença dela era um refresco mental para o imperador. Almoçaram juntos, em companhia, também, de d. Isabel e Maxime Du Camp, a quem Teresa não conhecia e que achou espirituoso.

Antes da visita da princesa Teresa, o imperador havia mandado comprar o livro *Oberon*, de Shakespeare, e o entregou à princesa. Ela, embora o tenha lido, desculpou-se pelo fato de seu gosto recair somente pelas ciências naturais, havendo também estudado, por causa da física, um pouco de cálculo diferencial integral. A leitura da obra deve ter-lhe causado tédio, mas d. Pedro, longe de se aborrecer com a reação externada pela princesa, gostou muito de sua sinceridade.

No dia 20 de agosto, d. Pedro recebeu diversas visitas e cartas; entre elas, uma de Danbrée de Pontaillac, tratando de geologia. Depois do jantar, encontrou-se novamente com "Teresa, a princesa bávara", como a chamava em seu diário. No dia seguinte, almoçou mais cedo por causa da princesa Teresa, pois a levou à estação de trem e a presenteou, em tom de brincadeira, com um exemplar de *Oberon*. É interessante notar que Teresa da Baviera guardou para sempre, em sua memória, a figura de d. Pedro II, por sua cultura e grande gentileza, e que, após o falecimento do monarca, trocou correspondência com a condessa d'Eu. No mesmo trem, embarcou

Alberto, filho do visconde Nioác, com a mulher e o filho. Nesse mesmo dia, o imperador recebeu ainda a visita do conselheiro Silveira Martins, também exilado na Europa pelo governo republicano, e do conselheiro Ferreira Viana, acompanhado pelo genro Pires Brandão. Durante os quase cinquenta anos do reinado de d. Pedro II, nem um brasileiro sequer havia sido exilado. No diário, anotou: "Silveira Martins, cuja conversa não foi muito interessante, mesmo porque eu falei com alguma cautela".[137] Pires Brandão, que presenciou o acontecimento, o relatou da seguinte maneira:

> Notei que sua Majestade acolheu Silveira Martins com a mais alta distinção. Convidou-o a ir a um concerto que se realizava nessa tarde, numa praça daquela cidade, concerto célebre, porque era escutado pelos primeiros maestros da Alemanha, perante uma assistência de príncipes e sumidades da política, das artes e das finanças de diferentes países.
>
> Presenciei esta cena que nunca mais me saiu da memória. (Brandão, 1925)

Quando a figura imponente do imperador apareceu no recinto, todos se levantaram como se uma mola os tivesse impelido ao mesmo tempo. O regente da orquestra foi ao encontro do imperador e entregou-lhe o programa do concerto. Sua Majestade, visivelmente comovida, voltando-se para o conselheiro Silveira Martins, que colocou à sua direita, disse-lhe:

> "Isto não é feito a mim, mas ao nosso Brasil." "Como protesto eloquentíssimo", acrescentou Silveira Martins. Em companhia do imperador estavam o conde de Mota Maia, o conde de Carapebus, o antigo ministro diplomático Tachard, velho amigo do imperador, desde a sua primeira viagem à Europa. (*Ibid.*)

137 Diário de d. Pedro II, cit.

Os dias iam passando com certa monotonia. D. Pedro estava lendo a biografia de Georges Sand e, apesar das muitas leituras, ainda tinha tempo de continuar as lições de hebraico com Seibold. Lia com interesse "Astra", um poema de Carmen Silva, pseudônimo da ex-rainha da Romênia, e recebeu, certo dia, a visita do barão da Estrela. Em 28 de agosto, escreveu: "fui a pé à missa pela minha Santa". No dia 31 de agosto, um dia chuvoso, foi à missa pela manhã e, à tarde, assistiu a uma corrida acidentada, com quedas e ferimentos, postado na tribuna do grão-duque de Saxe-Weimar. Frequentava sempre os concertos, mas as visitas ilustres desapareceram. Era, então, apenas o soberano que reinava sobre seus queridos livros.

Nota-se, por parte do eminente exilado, interesse somente à margem pela política de seu país. Estava totalmente conformado com a situação e sem nenhuma reação, como se os quase cinquenta anos de governo não tivessem existido. Essa atitude pode ser comprovada por seu comentário ao artigo "Aos meus concidadãos", de Manuel Francisco Correia, em que o autor afirma: "A forma republicana parece-me que se tornou definitiva no Brasil."[138] A esse respeito, D. Pedro II anotou em seu diário: "Assim seja, digo eu, já preparado para ela! São meus ardentes votos."[139]

A 4 de setembro de 1890, d. Pedro II excreveu em seu diário como primeira anotação do dia: "Não posso deixar de lembrar que hoje faria 48 anos que estaria feliz na companhia da minha Santa".[140] Os anos os haviam unido e o momento do susto, quando, ao chegar da Itália no Rio de Janeiro, d. Teresa Cristina tinha se voltado com os olhos úmidos, dizendo para Dadama, sua querida preceptora, "Eles me enganaram", estava esquecido.

Em 6 de setembro, d. Pedro foi convidado a visitar uma sinagoga. "É pequena e em lugar escuso. Lá deixei estas palavras – Schalamca – Pax – Tibi –. A comunidade é de 110 indivíduos.

138 *Ibid.*
139 *Ibid.*
140 *Ibid.*

Procuraram-me os rabis que ficaram de mandar-me seus bilhetes. Não sei se poderei ir à hora a reza."[141] À tarde, visitou a princesa Olga Feodorovna, irmã da duquesa Alexandrina e do grão-duque de Baden. Ela era mulher do grão-duque Miguel, tio do então imperador da Rússia.

> É muito amável e parece inteligente. Como o marido foi Vice-rei do Cáucaso conversamos bastante sobre esta região. Falei da Rússia e da Crimeia e enfim de tudo que podia agradar a princesa e valer-me informações.
>
> Talvez ainda fale dessa visita interessante.[142]

No dia 7 de setembro, o imperador, ao acordar, escreveu um soneto dedicado à independência do Brasil. Devia estar com muita saudade da pátria. Era domingo e, como sempre, foi à missa.

O tratamento médico parecia fortalecer d. Pedro II, pois nota-se uma maior desenvoltura em suas anotações; contudo, o ritmo dos dias quase não variava. Antes de deixar Baden-Baden, aceitou o convite da família Krupp, que, mesmo depois da perda do trono, sempre o tratou com grande gentileza e amizade. A família ficava encantada por ter sua casa frequentada por um imperador, ainda mais por um monarca que se interessava pelos mínimos detalhes da grande indústria que tinham criado.

No dia 14 de setembro, d. Pedro II deixou Baden-Baden, após ter assistido à missa na capela dos vicentinos. Às 9h50, o trem partiu em direção a Karlsruhe e, de lá, para Colônia. Hospedou-se no mesmo hotel da vez passada. Após o jantar, deitou-se. Devem ter dado ao senhor Pedro Alcântara um quarto de segunda ordem, pois, no dia seguinte, acordou por volta das 5 horas da manhã, queixando-se de que a cama era estreita e de que não tinha dormido bem. Devia ser um quarto no andar térreo, pois anotou: "Já vejo

141 *Ibid.*
142 *Ibid.*

passar carros pela altura da janela do meu quarto de dormir, onde estou escrevendo. E agora passaram pessoas a pé. Boa ducha, mas não me agradou tanto como em Baden-Baden".[143]

Depois do almoço, foi rever a catedral e visitar o tesouro dela. Foi ao Museu de Belas Artes, mas o diretor apareceu somente depois que tinha iniciado a visitação. Não podia deixar de visitar o jardim zoológico, um dos melhores da Europa. Antes do jantar, continuou a leitura de Madame de Staël, que não largava há vários dias. No dia seguinte, teria de levantar cedo; por isso, depois de jantar, foi para seu quartinho.

No dia 16 de setembro, às 9h15 da manhã já estava no vagão especial ferroviário que os Krupp tinham colocado à sua disposição. Do trem, viu os grandes monumentos em homenagem a Moltke, Bismark e Frederico III.

A paisagem era plana e extensa. Ficou comovido por encontrar rosas amarelas no vagão especial e uma carta, escrita em francês, de Otília e Thekla, do Rio de Janeiro. O trem passou por pequenas localidades como Gutenberg, Roth, Ratingen, Klettwitz e finalmente chegou a Hügel, onde Frederico Alfredo Krupp, filho do falecido patriarca, o estava esperando. A composição parou dentro da fábrica, literalmente.

Embora as anotações de d. Pedro em seu diário fossem, no geral, telegráficas, na parte relativa à família Krupp há mais informações, o que torna possível reconstituir passo a passo os acontecimentos verificados entre 16 e 23 de setembro de 1890.

O imperador tinha chegado diante da faustosa Villa Hügel, um enorme palácio de construção recente, luxuoso, em estilo neoclássico, muito em uso na época. A família o devia estar aguardando na entrada.

143 *Ibid.*

16 setembro.

Subi dando o braço a Madame Krupp. Já percorri a grande sala que chamarei galeria dos retratos. Vi o do Krupp, cujo ar dançante não me agrada como o concordou o filho.

Também não me agradou o retrato do imperador, meu compadre, dizendo-me Krupp que encomendara o retrato de minha comadre a um artista, cujo nome não retive bem.

Às duas horas andei pelo jardim e toda a casa com o Krupp.

Tenho visto Mme. Krupp e os filhos, que são engraçados.

Vou ler Riancey, recostado.

6:20 fui ao lugar onde o Krupp e as raparigas jogaram o lawn tennis, distinguindo-se Amélia Nioác.

Eu estive assentado ao pé de Mme. Krupp com quem conversei.

Depois entrei no jogo da bola.

Tudo está muito bem arranjado e disposto para mesmo de noite.

As janelas têm vidros pintados e há uma espécie de tribuna onde se colocou quem julga das jogadas.

Agora vou ler Riancey até chamaram-me para jantar.

10:40 Jantei bem entre Mme. Krupp e Nioác e com muitas outras pessoas mais, entre as quais diferentes oficiais búlgaros.

Depois do jantar conversei sobre a fábrica, informando-me do engenheiro dela, pedindo informações que desejo me sejam comunicadas como as haja, por escrito, a tempo de lê-las antes da visita à fábrica.

Falei com outros, joguei bilhar com o Krupp que joga menos mal, tornei a conversar, ouvi a guitarra acompanhando assobio e subi agora me acompanhando Krupp até meus aposentos.

17 setembro.

Fui com Krupp de carro até a fábrica que visitei a parte relativa à artilharia, menos a oficina de fretagem e a fundição.

Acompanhava o diretor técnico especial, a quem pedi tudo o que haja publicado e ouvi interessantes explicações. Depois almocei e tenho estado conversando e vendo um álbum de fotografias de Egito onde viajaram o Krupp e a mulher.

Tudo se recolheu aos seus quartos e eu vou assentado continuando o Riancey.

4 horas; li bastante e há páginas muito bem escritas.

Passeei bastante pelo jardim.

Às 6:55 toca o gongo para o jantar.

Depois estive vendo retratos e pinturas às salas onde não tinha ainda estado.

Joguei bilhar com o coronel chileno, comendador da Rosa, que é bom taco, enquanto tocava o realejo de vapor diversas músicas.

18 de setembro.

Continuei a ver a fábrica. Oficinas de obras menores de ferro; museu que não deixa de ser curioso, mas que foi formado por trabalhos das oficinas, aí havendo dois manequins, um vestido com traje de amianto e outros preservativos para fogo e outro de trajes de mineiro assim como modelo de revestimento de mina que esbroa sem esmagar o minério e enfim oficina de fretagem das peças por meio de aros quase incandescentes, que permitindo calor enfiarem-los no canião, apertam-no depois, quando esfriado com água, por isso que o anel quando quente tem maior diâmetro.

Depois do almoço tenho estado vendo fotografias do Egito com Mme. Krupp e à tarde vou passear de carro com Nioác depois de ter tomado café.

Fizemos um belo passeio pela floresta, indo depois ver jogar lawn tennis.

Depois do jantar, ouvi Amélia Nioác tocar piano e o realejo do vapor.

Conversei com Mme. Krupp. Joguei bilhar com o marido. Vieram duas pessoas de Dresda, o diretor de um banco e sua mulher que é bonita e engraçada, com quem falei com respeito do que vi em Dresda e outros lugares da Saxônia.

Despedi-me da Mme. Krupp.

19 de setembro.

Ao passar pela galeria avistei a família Krupp que estava numa sala ao lado a comer e cumprimentei Mme., que presidia a mesa.

Revi os lugares da Ballada de Schiller. O sino que poderei logo ler na ocasião da fundição.

Ao meio-dia voltei de minha visita a Essen, onde vi o mausoléu de Krupp, cujas formas não me agradaram e fui à fábrica.

Fundição em cadinhos e de aço Bessemer. Prensa hidráulica de 900 atmosferas. Laminadores, o maior da força de 2000 cavalos. Pedi ao Krupp informações por escrito de tudo que tinha visto.

Não houve ocasião de ler as passagens marcadas da fundição de sino de Schiller.

Depois do almoço vi estampas de uma viagem pelo Japão com Mme. Krupp.

Em seguida assisti ao lawn tennis em que tomou parte Mme. Krupp.

O passeio foi a Werden. Gostei muito. Vi bem a Igreja católica do ano 1000 na parte mais antiga. O cura tudo me mostrou e prometeu-me publicações relativas à Igreja. A cripta é curiosa e lá vi um crucifixo não pequeno, que na inscrição em alemão diz: "Carlos Magno segurava, quando venceu os Saxónios".

Depois do jantar ouvi boa música instrumental que veio de Essen.

Dançaram os mexicanos dança da sua terra depois de terem jantado, eram todos na mesma mesa de forma T, 40 e tantos e tudo bem arranjado. Valsaram quase todos os presentes e eu conversei com diversos entre os quais o diretor das minas da fábrica e o químico. Despedi-me de todos, ainda ouço a música no meu quarto.

20 de setembro.

Vi o bairro dos trabalhadores, casas bem construídas com seus jardinzinhos para famílias e sem elas para solteiros e a casa do casinó para os empregados elegantes e com tribuna para música e sala de dança, assim como jogo de bola.

Vi a escola de domesticidade para raparigas que muito me agradou.

Voltei ao lawn tennis, jogando-se depois bola na galeria coberta, por haver chuva.

Às 7 horas tocou gongo para o jantar. Depois joguei bilhar com o coronel chileno que muito me tem agradado.

Vi fotografias de belezas chilenas em grupo.

Conversei com Mme. Krupp despedi-me de todos.

21 de setembro.

Vou traduzir a poesia de A. Kopisch "Der Mauseturm" que vi há poucos dias no Reno vindo para aqui.

Fiz uma visita a Aljezur que está melhor e vem jantar conosco.

Vou agora começar a falar de Düsseldorf: Percorri toda a cidade que está aumentada da vez passada. Bons edifícios e ruas largas e direitas, porém geralmente menos bem calçadas. Fui a uma casa de quadros novos e a galeria de pinturas, de que trouxe o catálogo.

Passei pelo belo Palácio Provincial e entrei no passeio público onde está o busto da rainha Stefania Hohenzollern de Portugal, passando pelo Palácio desta família que nada tem de bonito no exterior.

Examinei com cuidado a Gewerbe-Verein, cujo Diretor Frauberber mostrou-me tudo com muita amabilidade, tendo estado no Egito há pouco a respeito do qual conversamos.

Pedi-lhe as informações que pudesse dar-me relativas ao estabelecimento que é muito curioso.

Com o dicionário alemão-francês reverei amanhã minha tradução de Mauseturm.

Depois do jantar houve tableaux vivants de nomes muito bonitos e de que ainda falarei amanhã.

Apenas direi que houve o nome Dom Pedro, cujo conceito foi o quadro de minha fotografia defronte do qual uma das moças deixava cair flores do dia.

22 de setembro.

Comecei o dia fazendo uma poesia para dar ao Frederico Krupp.

De manhã ainda estive com Nioác, que me disse que o irmão de Mme. Krupp pedia a filha Amélia em casamento.

Disse-lhe que muito estimava e apenas aconselhava que pedisse que os filhos fossem educados catolicamente, maiores fariam o que quisessem.

Ao meio-dia fui ao terreno que Krupp pai comprou junto ao cemitério público para seu jazigo e dos seus.

Lá pus coroas em seu monumento que muito me agradou e do que pedi fotografia ao filho e na lápide do modesto ornato de Mme. Krupp.

Achavam-se presentes todos os principais empregados da fábrica, os quais também depuseram coroas no monumento de Krupp.

Cantaram dois corais.

Na ida entreguei o meu soneto ao Krupp filho.

Acompanhavam-me no carro Mme. Krupp, seu marido e Mota Maia.

Antes de sair dei meus parabéns para Amélia por seu casamento.

No carro ao ir disse a Krupp o que aconselhara a Amélia quanto à religião dos futuros filhos, pois, como declarou Mota Maia, gosto de ser franco.

Depois do almoço, Krupp felicitou os noivos e todos se tocaram reciprocamente os copos fazendo saúde a eles.

Acabo de trabalhar na tradução de Mauseturm que antes li à irmã de Krupp para ver se ficava boa a cadência.

Estive vendo o lawn tennis e, sobretudo conversando com uma visita que tem muito viajado e esteve nos Estados Unidos.

Depois do jantar joguei bilhar com o viajante que se chama creio Samer. Não joga mal.

Não contamos os pontos, fazendo apenas carambolas.

Conversei com diversas senhoras e sobretudo com Mme. Krupp.

Vou deitar-me.

23 de setembro.

O dia parece que será de chuva.

Parto com muitas saudades, ainda que maiores tenha de Baden-Baden.[144]

O trajeto do regresso era sempre o mesmo, via Colônia. No dia 24 de setembro, d. Pedro chegava novamente a Baden-Baden. O conde d'Eu e d. Pedro Augusto foram buscá-lo na estação. O segundo neto, o príncipe d. Augusto, que tinha chegado para visitar o imperador, estava no hotel, acamado por causa de um abscesso na garganta, do qual, por sorte, se restabeleceu em poucos dias. D. Pedro foi logo visitá-lo. Ao meio-dia, foi assistir à missa pelo 56º aniversário de falecimento do pai, o imperador d. Pedro I. Assim que voltou ao hotel, escreveu uma carta de agradecimento à família Krupp, pela qual havia sido tão bem tratado. Encontrou ainda tempo de visitar o Convento de Lichtenthal e, às 7 horas da noite, recebeu a visita do grão-duque de Baden, com o qual discutiu métodos de organização pacífica do Exército. Tinham ficado muito amigos.

144 *Ibid.*

No dia seguinte, continuou suas visitas e foi homenagear a grã-duquesa de Baden "de quem sou tão amigo, é a irmã do meu amigo e compadre, o finado imperador da Alemanha Frederico III, a qual me tratou como eu esperava".[145] "Eu reconheci pelos retratos o palácio onde estive a vez passada."[146] D. Pedro tinha muito orgulho de ter sido "compadre" do finado imperador Frederico III, que faleceu poucas semanas depois da aclamação. Em sua primeira viagem à Europa, tinha feito amizade com o casal imperial alemão, e os monarcas, em sua visita a Postdam, o haviam convidado, como já foi comentado anteriormente, para ser padrinho da filha Margarida, que tinha acabado de nascer. O casal escolheu como madrinha da menina a rainha Margarida da Itália e, em homenagem a ela, deram à filha o mesmo nome. O imperador revira Margarida, então princesa da Prússia, em 1876. Ela se casaria, em 1893, com o margrave Frederico Carlos de Hessen (1868-1940), falecendo em 1954, aos 82 anos, após ter sofrido as agruras da Segunda Guerra Mundial.

Os dias passavam no mesmo ritmo. D. Pedro conversava com Nioác ou Mota Maia, via Gastão e d. Isabel; entretinha-se com os netos d. Pedro Augusto e d. Augusto; lia com o maior interesse, em cada momento disponível, a *História universal*, de Riancey.[147]

No dia 26 de novembro, foi convidado pelo grão-duque de Baden para o almoço e depois deu um passeio pelo parque. Prometeu ao grão-duque ir visitá-lo em sua esplêndida propriedade na ilha de Mainau, no lago de Constanza. Mainau é conhecida pelo clima ameno e pela vegetação semitropical. Voltando ao hotel, estudou árabe com Seibold e acabou de ler a dedicatória em latim, que

---

145 *Ibid.*

146 *Ibid.*

147 Henri-Léon Camusat de Riancey (1816-1879), descendente de uma família nobre de Champagne, foi um jornalista católico, historiador, escritor e político. Defendeu o legitimismo do conde de Chambord contra o orleanismo. Publicou muitas obras importantes; a mais relevante delas é a *Histoire du monde depuis la création jusqu'à nos jours* (1838-1841).

acompanharia a edição de *Arte da língua guarani*, de Restivo, fazendo apenas algumas reflexões.

Em 27 de novembro, autografou diversas fotografias que os Krupp lhe tinham pedido. O imperador gostava muito de presentear as pessoas com seu retrato e, em todas as cidades importantes, ele se fazia retratar. D. Pedro era um apaixonado pela fotografia e tinha reunido uma grande coleção de fotos de lugares e pessoas importantes.

A despedida estava próxima. Lia apressadamente a obra *História universal*, pois desejava encontrar-se com Riancey em Paris para conversar sobre ela. No mesmo dia, visitou duas igrejas, a protestante e a russa. Despediu-se dos vários grão-duques, mas sentia-se só e desanimado, como refletem as seguintes palavras: "Todos os amigos têm mudado muito. Veremos quais ficam dos joeirados pela minha mudança de posição, mas nunca faltarão os amigos – estudo e leitura".[148]

Chegou, finalmente, o dia da partida. No dia 30 de novembro, às 8h25, d. Pedro II seguiu de Baden-Baden para Paris e lá, no dia 2 de dezembro, completou seu segundo ano como exilado, festejando também, em contrapartida, seu 65º aniversário circundado por familiares e alguns amigos brasileiros fiéis. Um triste momento, longe da pátria e de tantos outros amigos distantes. Até o começo de maio, ficou em Cannes para fugir do frio.

No dia 7 de maio de 1891, viajou pela última vez para a Alemanha. Assistiria ao casamento de Amélia, a filha de Nioác, com o irmão da senhora Krupp. Levantou-se às 4h45 da manhã para tomar o trem às 6 horas. Foi uma viagem comprida, durante a qual lia o *Jornal do Brasil*. O que mais lhe interessava, no entanto, eram as "Efemérides Brasileiras" do barão do Rio Branco.

D. Pedro levava um soneto de sua autoria para os noivos. Foi recebido carinhosamente, como sempre, pela família Krupp. No dia seguinte à chegada, passeou e foi ver os numerosos presentes

---

148 Diário de d. Pedro II, cit.

de casamento expostos em diversas salas. À tarde, caminhou com a senhora Krupp, e ela lhe apresentou diversos oficiais da infantaria da Marinha alemã, camaradas dos irmãos. Os donos da casa deviam estar muito ocupados com os preparativos; assim, d. Pedro passou boa parte do dia lendo, mas também participou dos jogos de *lawn tennis*. À noite, realizou-se um grande baile em honra dos noivos. O imperador anotou: "[...] às 11:30 deixei-os ainda dançando e vou ler deitado. Jantei com muita gente na grande sala ao som de boa música. Depois conversei e começou o baile. Mme. Krupp tem dançado sempre. Vou ler até dormir".[149]

No sábado, dia 9 de maio de 1891, realizou-se o casamento às 7h30 da noite, em rito protestante que durou uma hora. D. Pedro o achou imponente; o sermão do pastor, ótimo, o compreendeu perfeitamente. D. Pedro participou de tudo e anotou:

> Almoço ajantarado de muitas pessoas e programa das músicas muito bem tocadas. Depois conversei e vi estampas. Enfim saíram os noivos para a sua viagem. Todos os acompanharam até o carro. Foi tocante [...]. Darei logo meus versos a Nioác e à família Krupp, quando julguei seria mais oportuno.
>
> O jantar depois da partida dos noivos se transformou num baile. Tomei um bom caldo de carne e pão. Dançaram ES eu assisti até ao fim.[150]

D. Pedro deve ter gostado da festividade e da acolhida, pois anotou com um suspiro: "Se não fosse a Isabel ficaria eu mais tempo com esta boa gente".[151]

O dia 10 de maio foi dedicado à leitura. Depois do almoço, chegou de Colônia um telegrama cheio de felicidade dos noivos. Às 7h30, tocou o gongo para o jantar, que transcorreu ao som de um órgão, com músicas muito apreciadas por d. Pedro. Durante o jan-

149 *Ibid.*
150 *Ibid.*
151 *Ibid.*

tar, o imperador fez um brinde especial à família Krupp e entregou a Mme. Krupp os sonetos, que ela passaria aos noivos.

Chegou o dia da partida. Era o dia 11 de maio.

"As despedidas sempre custam,"[152] anotou melancolicamente o ilustre hóspede. Depois do almoço, todos vieram a pé à estação, exceto Krupp, que veio de carro com o imperador, com o qual seguiu para Colônia.

D. Pedro foi ao hotel acompanhado por seu fiel criado de quarto, Guilherme. Tomou café e voltou à catedral. Jantou com Krupp, do qual se despediu calorosamente. No dia seguinte, às 8h30 da manhã, deixou Colônia e chegou às 9h30 da noite em Paris. O casal d'Eu o estava esperando na estação. Sete meses ainda estaria vivo d. Pedro II e, em 5 de dezembro, faleceria no modestíssimo Hotel Bedford, em Paris. Alcançaria sua "Santa" e seu espírito certamente voltaria à sua pátria.

Devemos salientar que nunca o imperador se manifestou contra o regime republicano depois que foi exilado. Ficou magoado, isto sim, pela maneira incivil, ingrata e mesquinha como se realizou a transição do sistema monárquico liberal ao republicano ditatorial de 1889. Por essa razão, parece-nos útil reproduzir suas palavras, publicadas por Afonso Celso:

> Atribuíram-me frases que não proferi, atos que não pratiquei.
>
> Aceitei os acontecimentos sereno e resignado. Uma coisa única me incomodou deveras: o aparato da força desenrolado em torno ao Paço da Cidade. Soldados a pé e a cavalo, guardando todas as portas, apontando para mim e para minha família armas ameaçadoras, como se fôssemos réus e capazes de nos evadir.
>
> Pois não bastava para segurança deles a minha palavra?

152 *Ibid.*

> Havia um oficial de cavalaria que da praça observava todos os meus movimentos, me acompanhando como uma sombra se eu passava de uma sala para outra.
>
> Senti ímpetos de sair à rua para lhe dizer: "o Sr. não me conhece, certamente. Não sou homem que fuja ou me oculte. Escusa de molestar-se por minha causa. Fique tranquilo que me encontrará sempre no lugar que me compete!". (Celso, 1893)

A descrição das viagens ao país de Goethe e de Wagner quer ser uma pequena contribuição à imponente biografia de d. Pedro II. Esse país muito entusiasmou o monarca, e nele d. Pedro II muito aprendeu, deixou ótimas recordações e é sempre lembrado como verdadeiro democrata, homem de ciências e o mais insígne governante do Brasil.

ANEXO

Nota autobiográfica de d. Pedro II

Para documentar melhor a personalidade do imperador, publicamos a introdução ao seu diário de 1862, iniciado em 31 de dezembro de 1861. D. Pedro II tinha, na época, 37 anos. Nota-se que o texto é escrito sem preocupação de estilo, é uma anotação pessoal carente de maior atenção, quase um desabafo num relatório íntimo. Talvez os 21 anos de governo já estivessem pesando; achava ter cumprido sua missão.

Devemos ver a alusão a ter preferido ser presidente da república como o desejo de ocupar o cargo de dirigente máximo do país por período reduzido, em vez de ser um imperador sobre quem recai, por toda a vida, o fardo pesado do governo. Essa afirmação "republicana" não é uma adesão às ideias de uma estrutura de governo, mas sim um grito íntimo à liberdade pessoal de um prisioneiro do dever. Nessas anotações, encontramos sua maneira de agir na vida pública, seu espírito de justiça e sua parcimônia com o dinheiro público, a crença de que despesas inúteis fossem um furto à nação.

Por essas razões, achamos a reprodução de trechos do diário a seguir de importância histórica para o conhecimento profundo da índole do grande homem que foi d. Pedro II, esse imperador que, pela sua alta função, sempre se manteve isolado e fechado em si mesmo. É importante ressaltar que foi conservada a ortografia e a originalidade do texto.

31 de dezembro de 1861.

Começo este trabalho só agora, porque a experiência dificilmente se aproveita, e dos annos que vivi há muitos sucessos, que apenas a memória própria devia confiar, mesmo para Ella felizmente esquecêl-os. Alem disto a mocidade rouba muito tempo, ainda que este não me sobra para principiar amanhã um diário de minha vida, cuja parte que pertence ao publico fica aliás registrado nos periódicos e a particular é bastante monótona.

Por isso muito resumido serei, esforcando-me contudo por não ommittir o que me parecer d'importancia.

Tenho apontamentos de anos passados; mas julguei acertado queima-los.

Pouco direi do individuo.

Tenho espírito justiceiro, e entendo que o amor deve seguir estes grãos de preferência: Deus, humanidade, pátria, família e individuo.

Sou dotado de algum talento, mas o que sei devo-o sobretudo á minha applicação, sendo o estudo, a leitura e a educação de minhas filhas, que amo extremosamente, meus principais divertimentos.

Louvão minha liberalidade, mas não sei porque; com pouco me contento e tenho oitocentos contos por anno.

Nasci para consagrar-me ás letras e as ciências, e, a occupar posição política, prefereria a de presidente da republica, ou ministro à d'Imperador.

Se ao menos meu Pae imperasse estaria eu há 11 annos com assento no Senado e teria viajado pelo mundo.

Jurei a Constituição, mas ainda que a não jurasse seria Ella para mim uma segunda religião.

Procuro cumprir meus deveres de Monarcha Constitucional, e regulo o meu procedimento pelos princípios seguintes:

Os actos do poder moderador não admitem responsabilidade legal; mas carecendo às vezes de defeza os Ministros que entendem não poder fazel-o tem direito, de retirar-se.

Estes actos não tem referénda obrigada.

Sobre os actos do poder executivo tem o Imperador, como chefe desse poder, inteira inspecção, podendo manifestar sempre a sua opinião com toda liberdade e exigir a dos Ministros.

Deve ter todo o escrúpulo em insistir em sua opinião para evitar os males de subservencia e desgostos de parte dos Ministros.

Cumpre ao Monarcha ser franco para com os Ministros; mas fora das occasiões em que se resolvão os negócios, deve ser o mais reservado possível, ouvindo com tudo a todos, e procurando esclarecer por todos os modos convenientes à meu juízo.

A respeito do conceito; que forme o Monarcha dos indivíduos, todo o escrúpulo é pouco, e deve lembrar-se as mais vezes com a opinião d'elle ou que lhe emputão, quando se achão empenhados interesses individuais.

Não sou de nenhum dos partidos para que todos apoiem nossas instruções apenas os modero, como permittem as circunstâncias, julgando-os indispensáveis para o regular andamento do systema constitucional, quando, como verdadeiros partidos e não facções, respeitem o que é justo.

Não tenho tido, nem tenho validos, caprichando mesmo em evitar qualquer accusação a tal respeito, sobretudo quanto às validas.

Dizem que por esse serio escrúpulo não poderei crear amigos; mesmo, não os terei falsos quando os haja grangeado. Não posso admitir favor differente da justiça; pois que o não ver injustiça é ignorância de justiça; a balança da justiça não se pode conservar tão criso-fio que não penda mais para um lado.

Também entendo que despeza inútil é furto á Nação e só o poder legislativo é competente para decidir d'essa utilidade.

A nossa principal necessidade política é a liberdade de eleição; sem esta e a de imprensa não há systema constitucional na realidade e o ministério que transgrida ou consente na transgressão d'este principio é o maior inimigo do Estado e da monarchia.

Minhas ideias a respeito das eleições e a impronta de governo achão-se n'um papel que tem o presidente do Conselho.

Leio constantemente todos os periódicos da Corte, e das províncias as que, pelos extractos que d'elles se fazem, me parecem mais interessantes.

A tribuna e a imprensa são os melhores informantes do monarcha.

Acho muito prejudicial ao serviço da Nação a mudança repetida de Ministros; o que sempre procuro evitar, e menos se daria se as eleições fossem feitas como desejo; a oposição se formaria, e o procedimento dos Ministros seria mais conforme seus deveres, reputando eu um de nossos grandes males a falta geral de responsabilidade effectiva.

Sobre grande numero das leis promulgadas, e de que se tem fallado como necessárias, existe na minha opinião escripta em papeis, que tem o presidente do Conselho, mas sempre direi a quem que fui sempre partidário de eleições por círculos, e me appraz fortemente aos círculos de mais de um; que igual opposição fiz a lei relativa á nacionalidade dos filhos menores d'estrangeiros, sendo aquelles nascidos no Brazil, que não approvei a lei sobre o casamento dos acatólicos; mas a própria do governo, e que entendo ser indispensável a dispensa do serviço activo da Guarda Nacional.

Menor centralização administrativa também é urgente, assim como melhor divisão da renda geral, provincial e municipal, convindo vigarar este ultimo elemento.

Nunca entendi a conciliação com a quizera [sic] deturpar; a minha política sempre foi a da justiça em toda a latitude da palavra, isto é da razão livre de paixões, tanto quanto os homens o podem alcançar.

Confesso que em 21 annos muito mais se poderia ter feito; mas sempre tive o prazer de ver os effeitos benéficos de 11 annos de paz interna devido à boa índole dos Brasileiros, e viveria inteiramente tranquilo em minha consciência se meu coração já fosse um pouco mais velho do que eu; com todo respeito e estimo sinceramente minha mulher, cujas qualidades constitutivas de caracter individual são excellentes.[153]

153 Arquivo do Museu Imperial de Petrópolis. Doc. 1055, Maço 35, vol. 09.

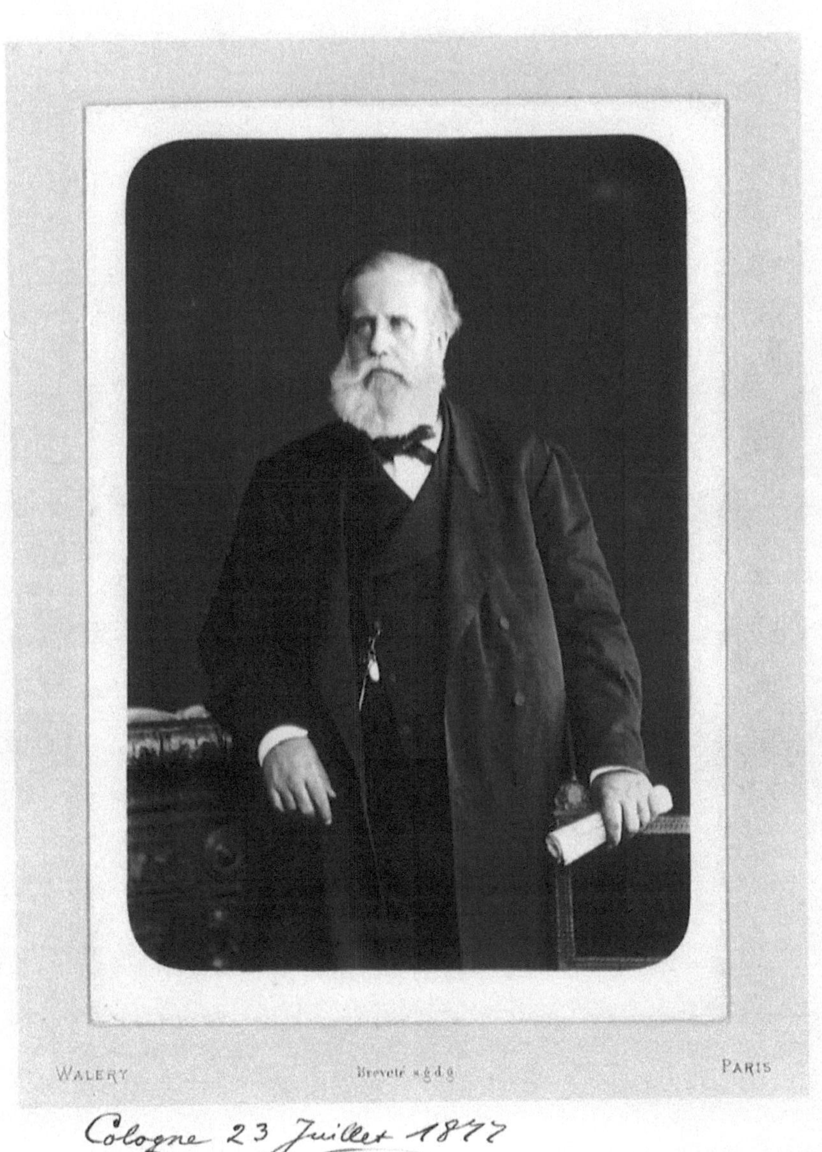

D. Pedro II. Fotografia oferecida à família Krupp.
Foto Walery – Paris. Arquivo Histórico Krupp

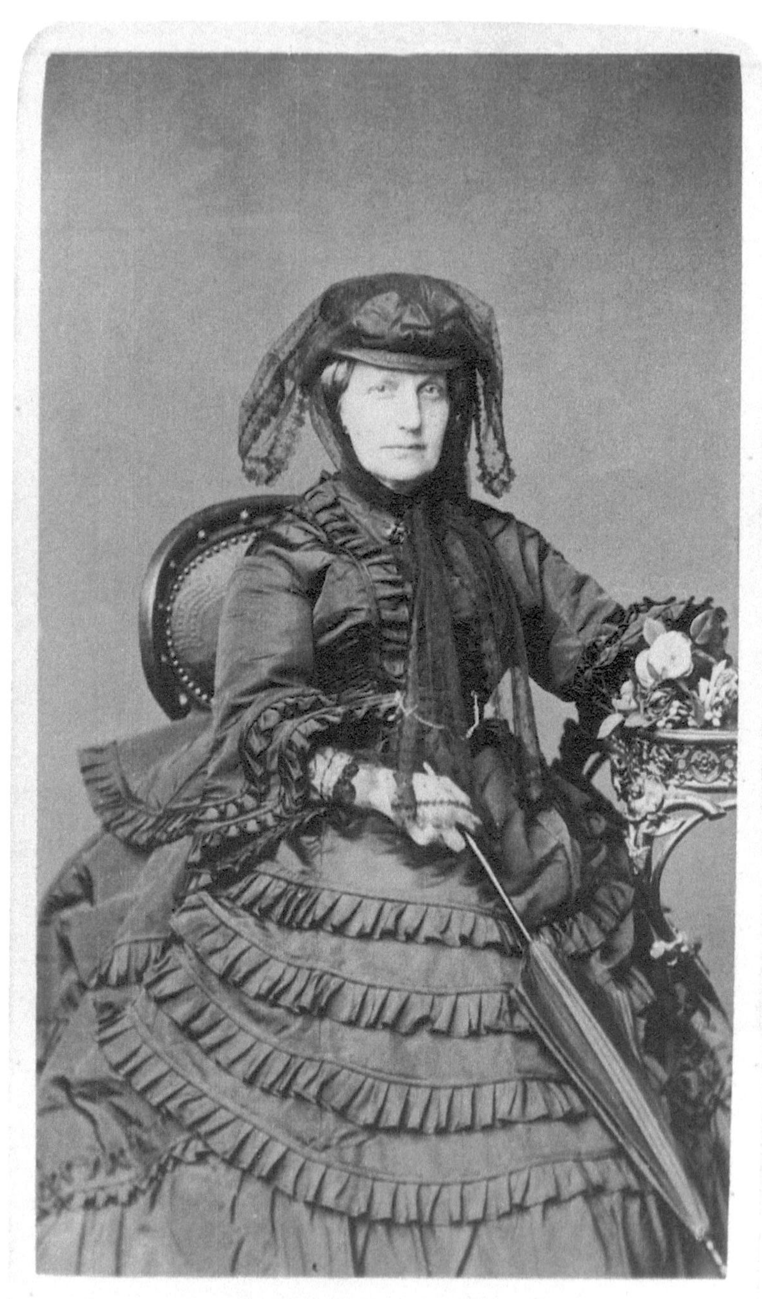

Imperatriz d. Teresa Cristina em traje de viagem.
Foto Winter – Coleção D. C.

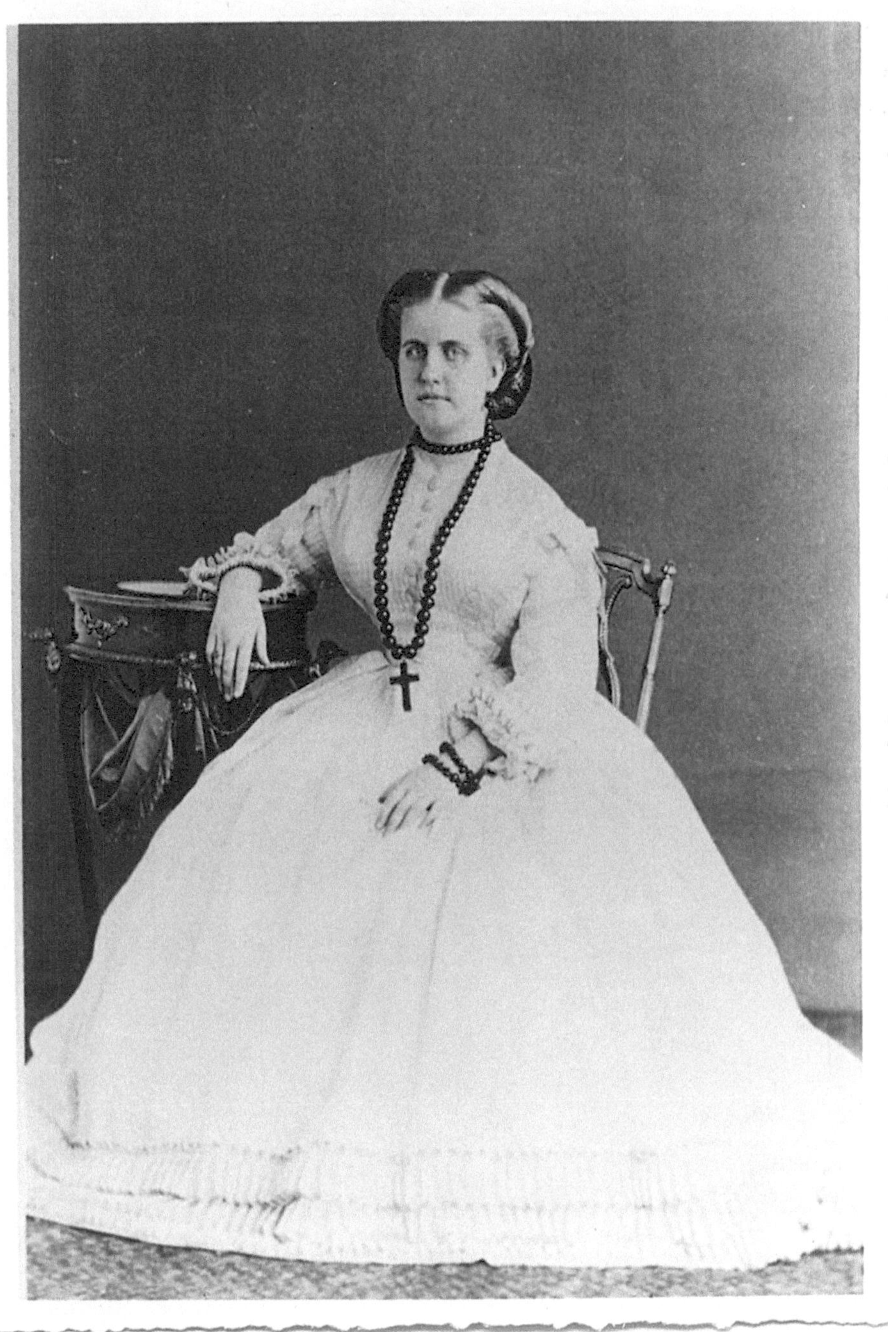

Princesa d. Leopoldina.
Coleção D. C.

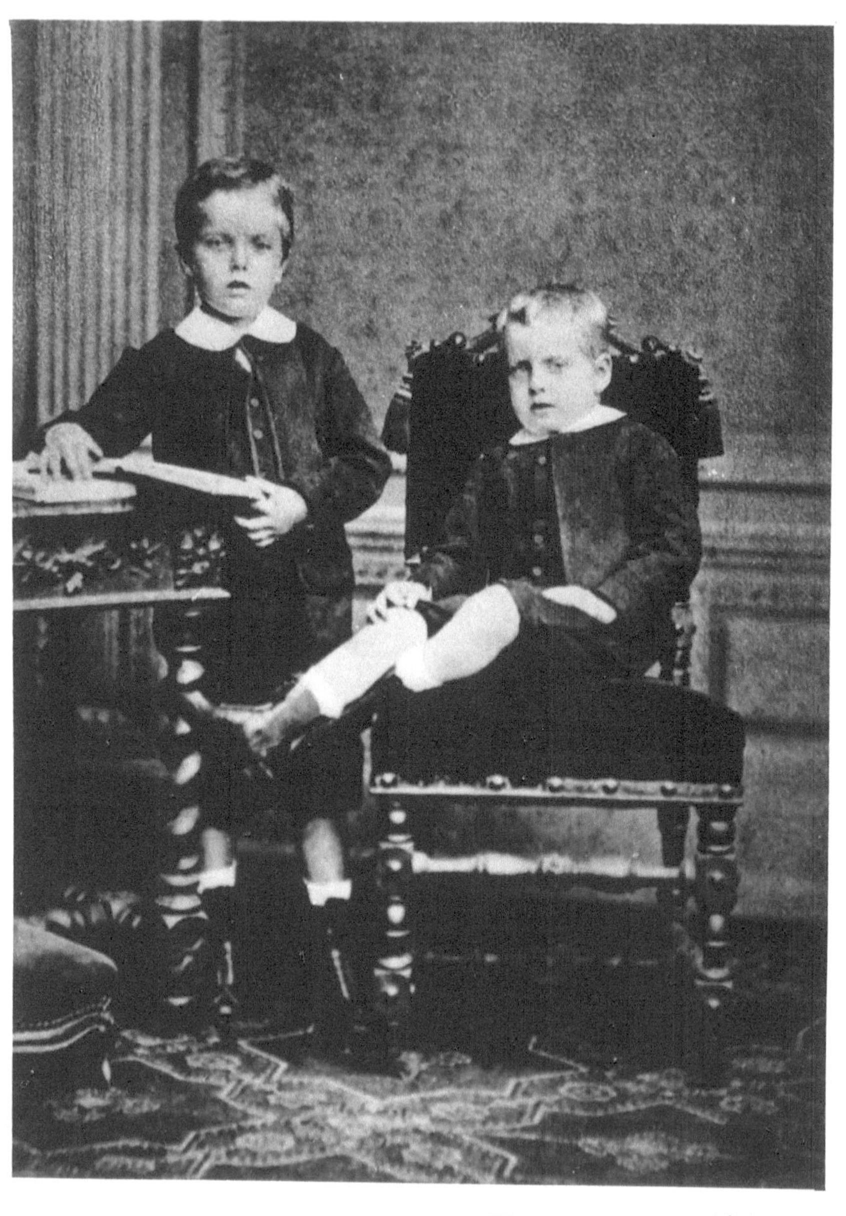

Príncipes d. Pedro Augusto e d. Augusto de Saxe-Coburgo e Bragança, os netos mais velhos de d. Pedro II.
Coleção D. C.

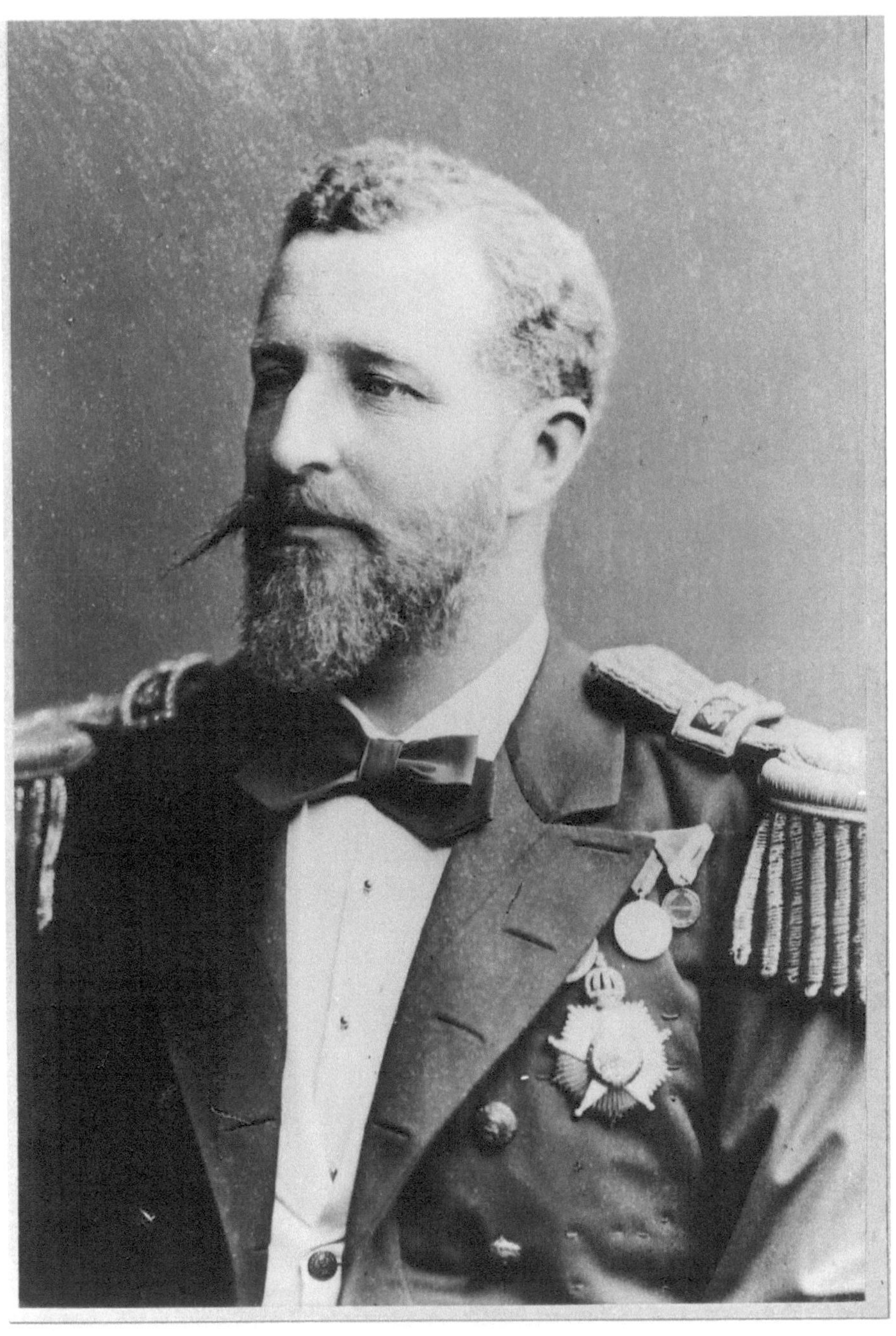

Duque de Saxe fardado como almirante da Armada Brasileira, ostentando a Ordem de d. Pedro I e, entre outras, a medalha da rendição de Uruguaiana.
Coleção D. C.

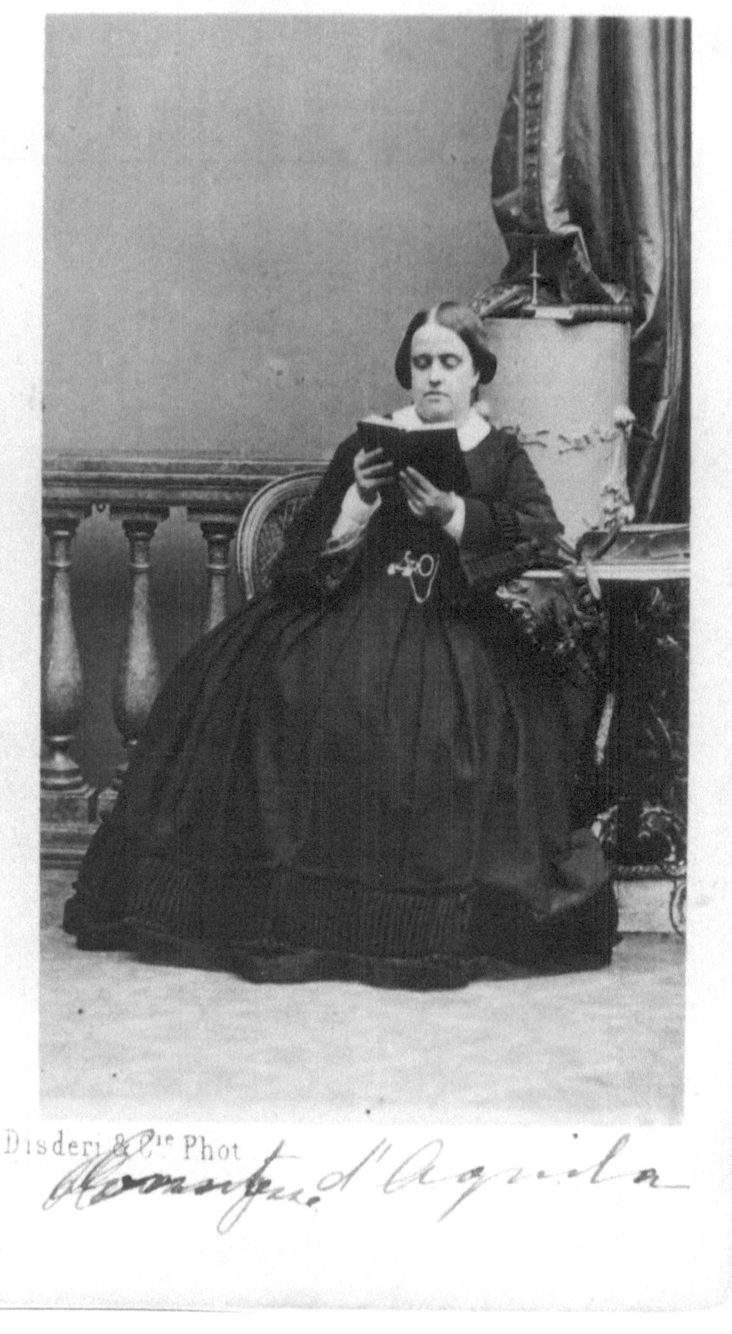

Princesa d. Januária. Ex-princesa imperial do Brasil e condessa d'Aquila.
Foto Disideri & Cia. – Coleção D. C.

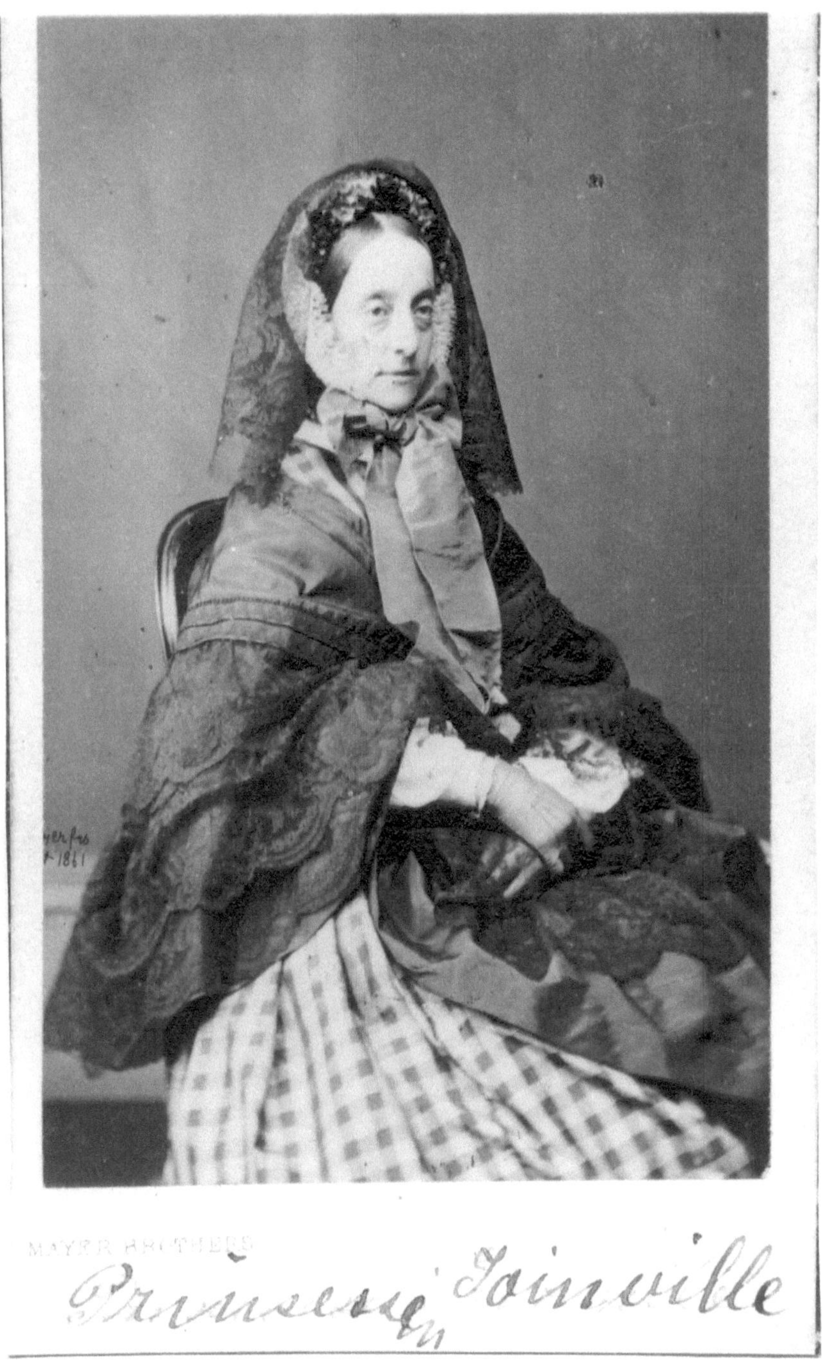

Princesa d. Francisca, princesa de Joinville.
Foto Mayer Brothers – Coleção D. C.

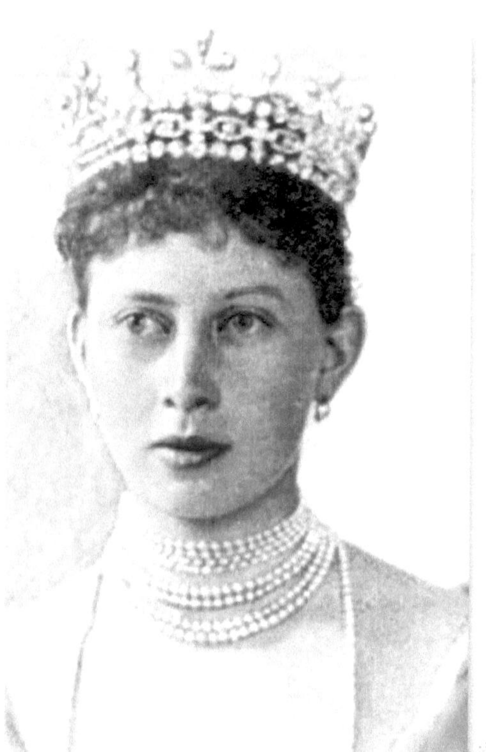

Princesa Margarida da Prússia. Filha do imperador Frederico III e afilhada de d. Pedro II.
Coleção particular.

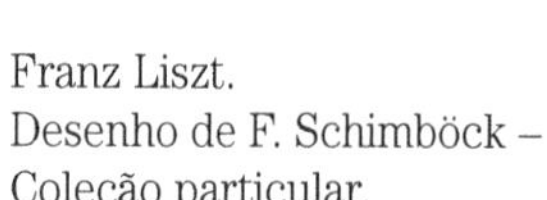

Franz Liszt.
Desenho de F. Schimböck –
Coleção particular.

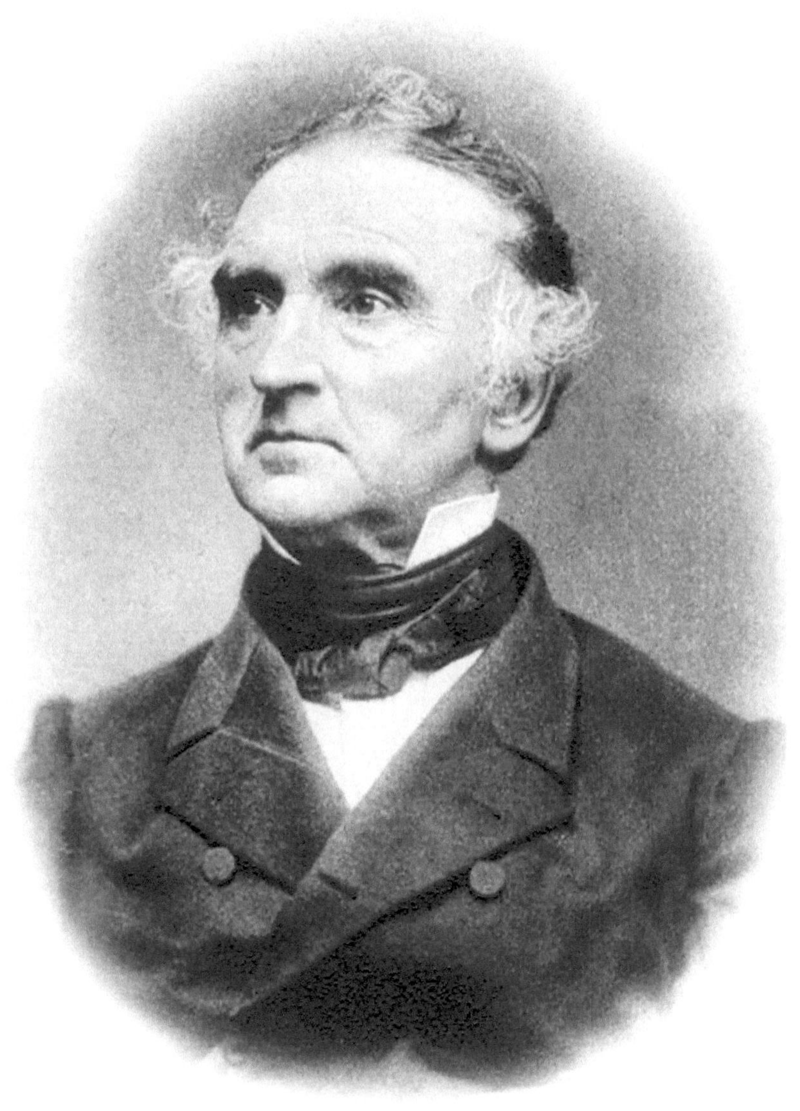

Barão Justus von Liebig.
Coleção particular.

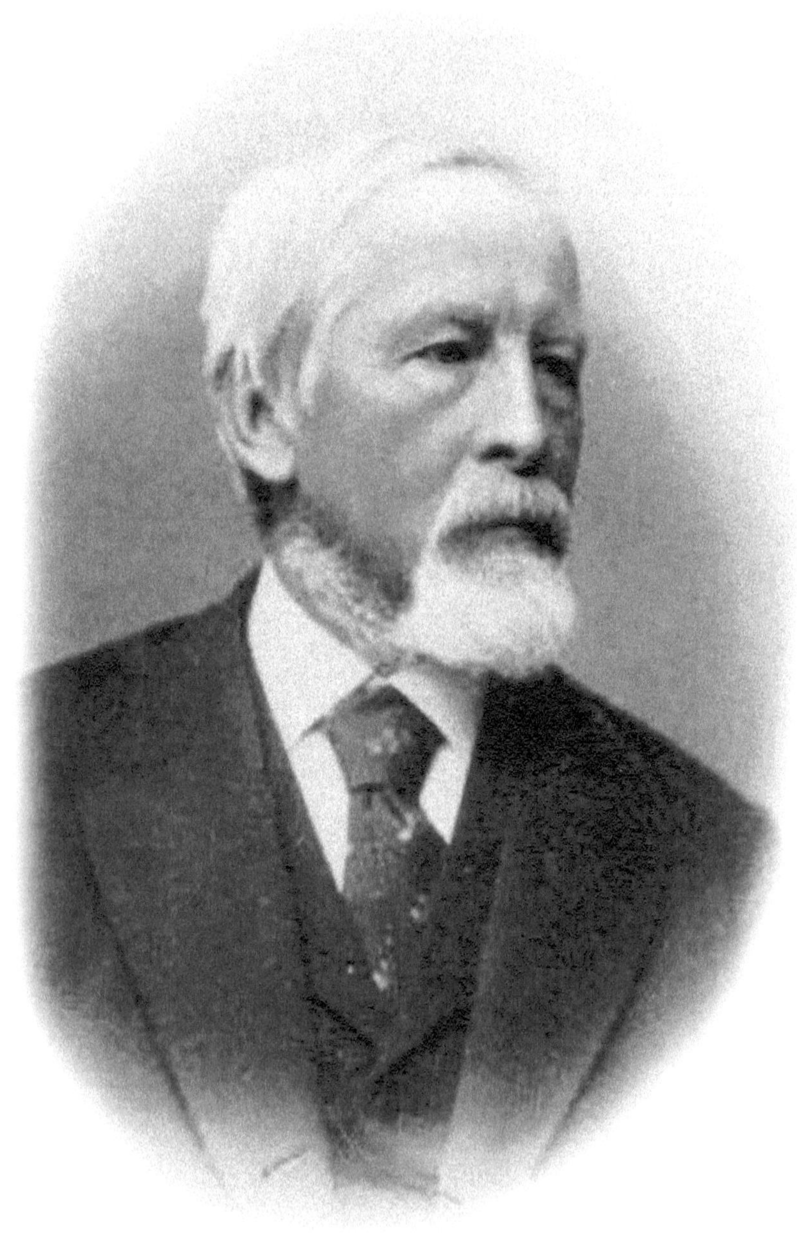

Professor doutor Adolf Kussmaul, responsável pelo tratamento de
d. Pedro II em Baden-Baden.
Coleção particular.

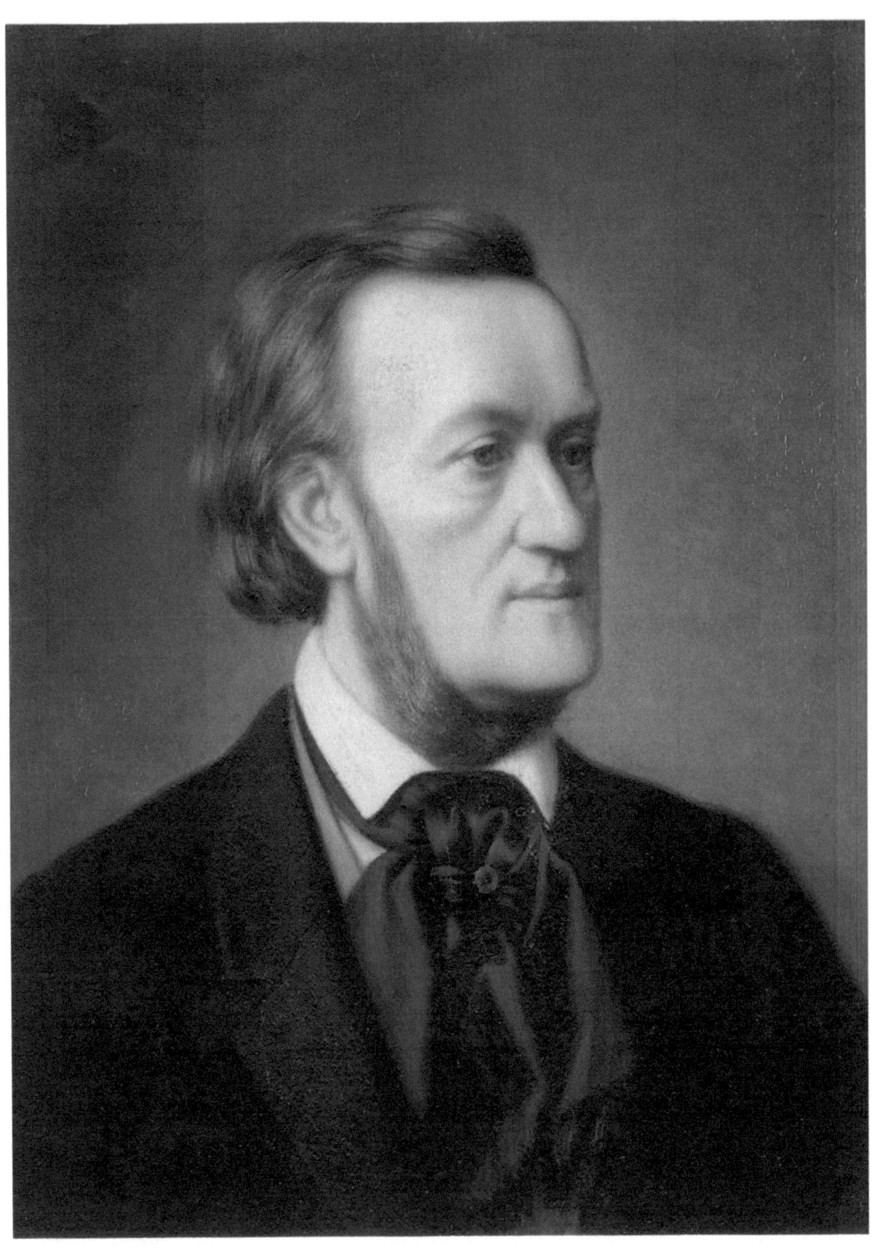

Richard Wagner. Pintura de Caesar Willich, c.1862.
Reiss-Engelhorn-Museen.

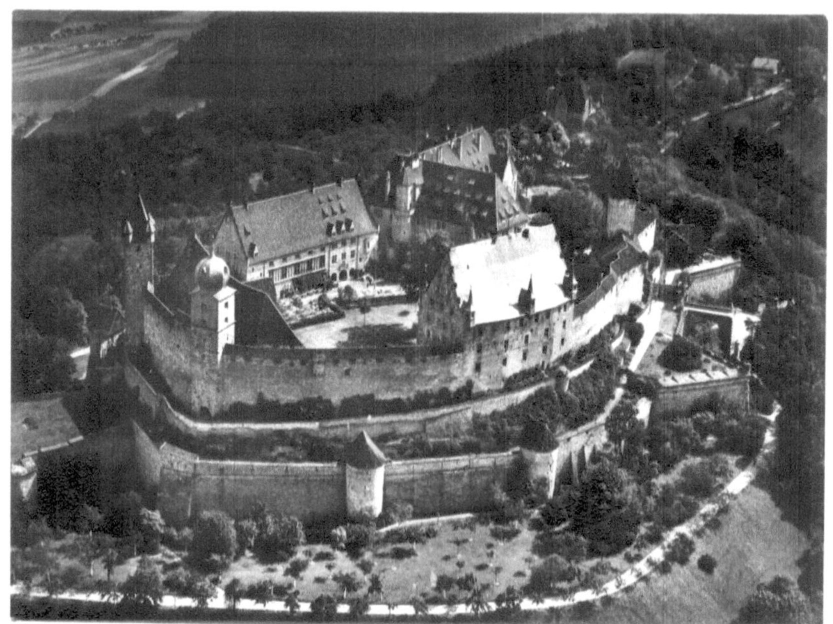

Castelo de Coburgo.
Coleção D. C.

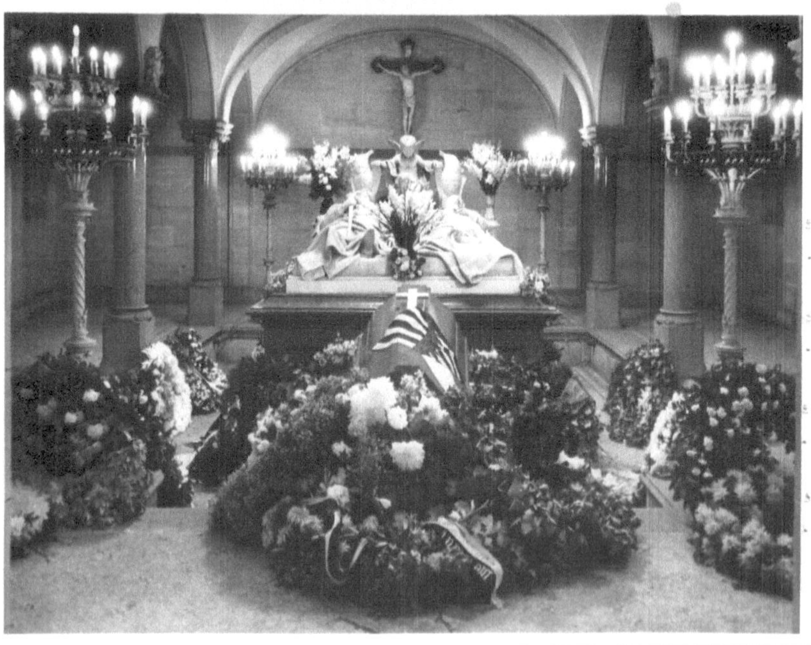

Jazigo dos pais do duque de Saxe na cripta da Igreja de Santo Agostinho, em Coburgo.
Coleção D. C.

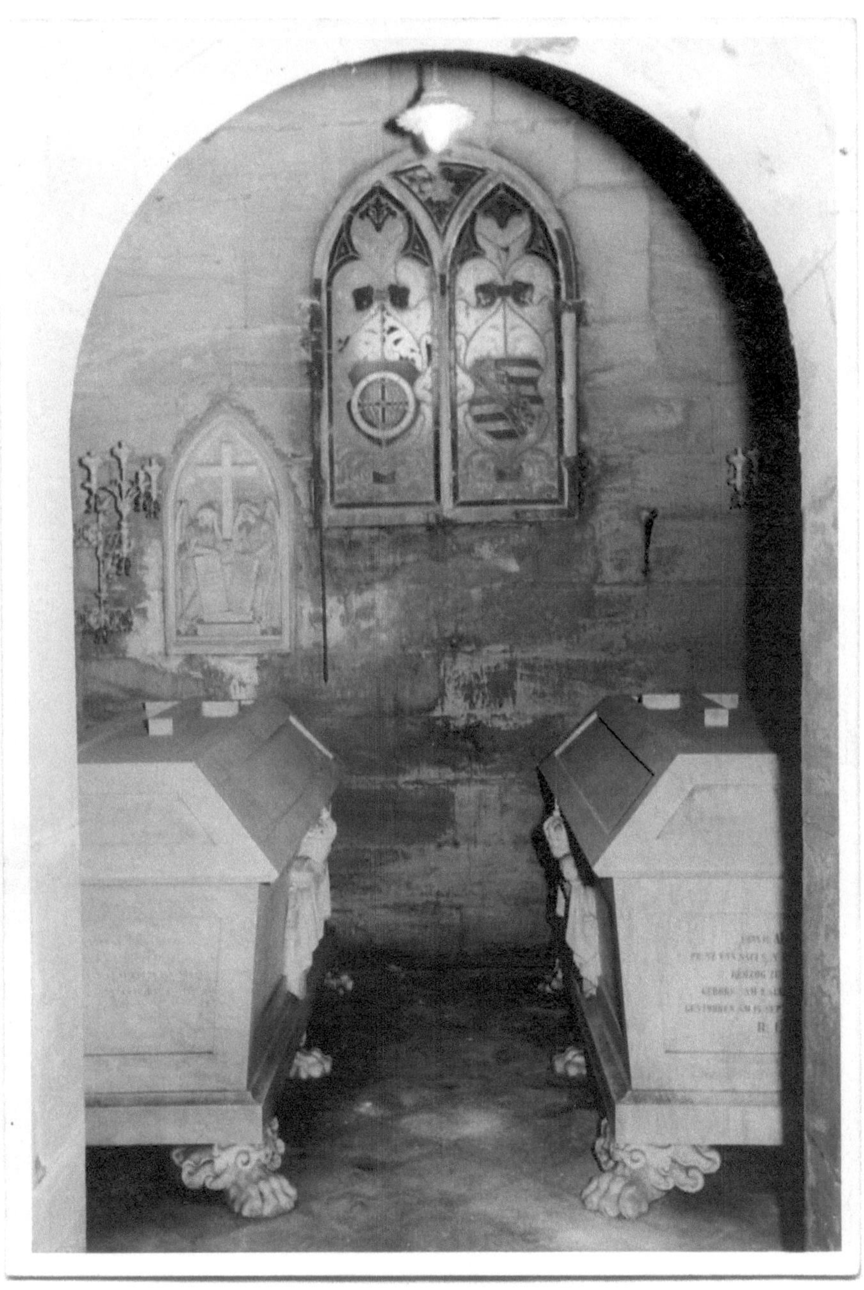

Sarcófagos da princesa d. Leopoldina e do duque de Saxe na cripta da Igreja de Santo Agostinho, em Coburgo.
Coleção D. C.

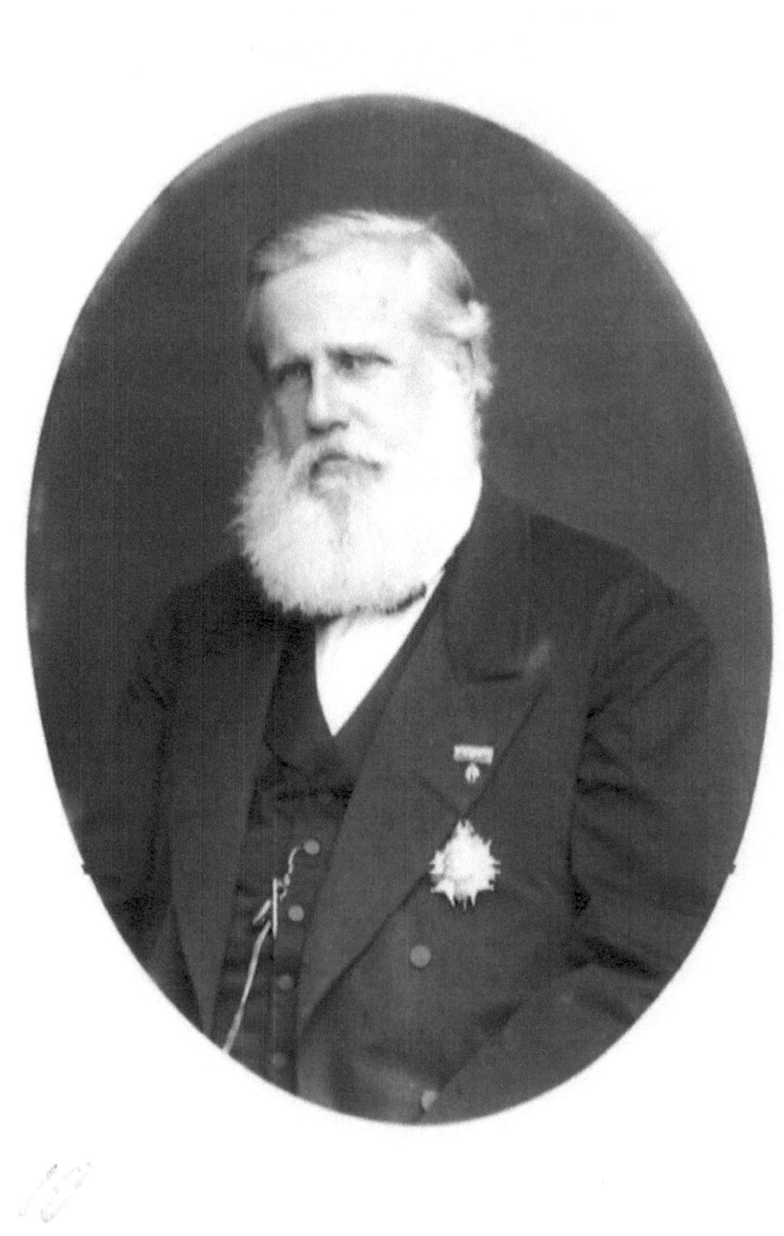

D. Pedro II. Fotografia oferecida à família Krupp.
Arquivo Histórico Krupp.

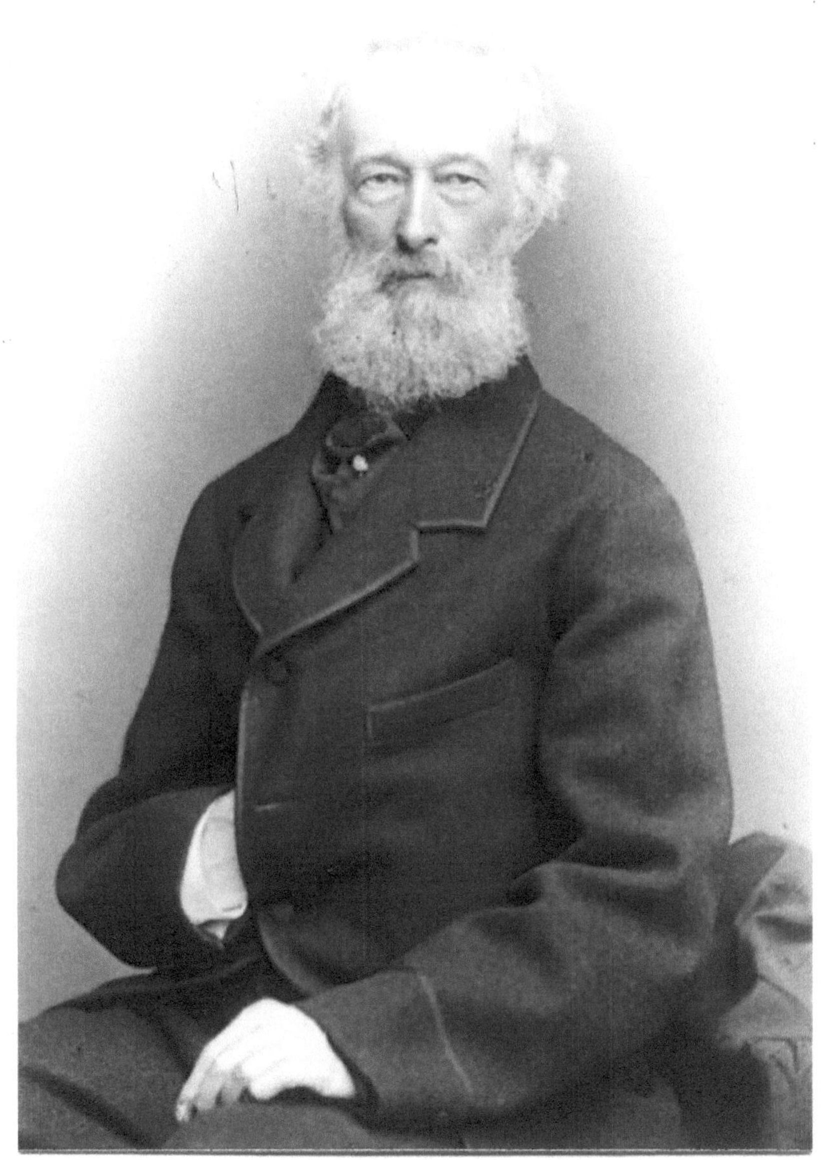

Alfred Krupp.
Arquivo Histórico Krupp.

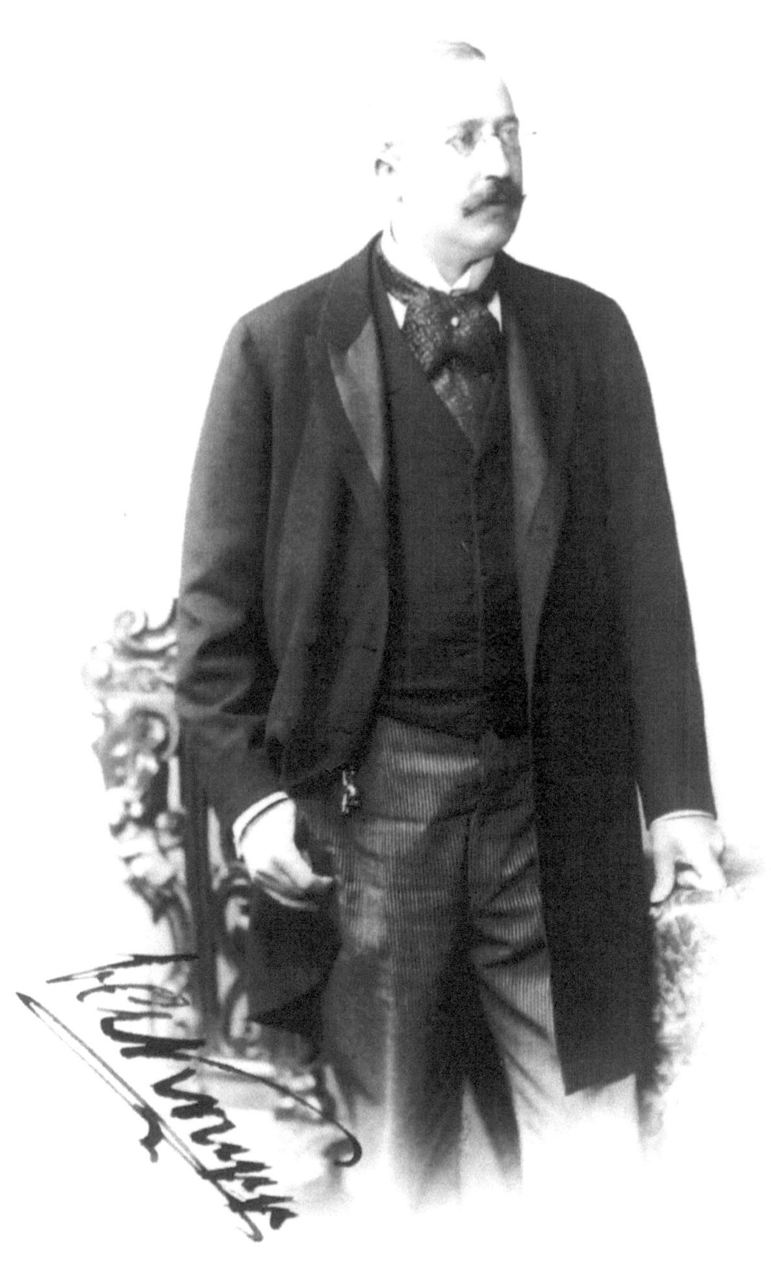

Friedrich Alfred Krupp.
Arquivo Histórico Krupp.

Bibliografia

ALMEIDA, Theophilo Nolasco de. *Calvário de um pavilhão*. Rio de Janeiro: Typ.E.Lith.Rohe, 1918.

ARAUJO, Maria Walda de Aragão. *Dom Pedro II e a cultura*. Rio de Janeiro: Arquivo Nacional – Ministério de Justiça / Serviços gráficos IBGE, 1977.

BARMAN, Roderick J. *Imperador cidadão*. Campinas: Unesp, 2010.

_____. *Princesa Isabel do Brasil – gênero e poder no século XIX*. São Paulo: Editora da Unesp, 2003.

BARRAL, Condessa de. *Cartas a Suas Majestades, 1859-1890*. Rio de Janeiro: Arquivo Nacional, 1977.

BAYERN, Therese von. *Meine Reise in den brasilianischen Tropen*. Saarbrücken: Doyen Verlag, 2011.

BERDOW, Wilhelm. *Alfred Krupp e a sua raça – história de uma empresa alemã*. Trad. de Maria Henriques Osswald. Rio de Janeiro: P. Schmidt, 1939.

BESOUCHET, Lídia. *Exílio e morte do imperador*. Rio de Janeiro: Nova Fronteira, 1975.

BOULANGER, Luís Aleixo (org.). *Viagem de Suas Majestades Imperiais na Europa – 1871-1872*. Manuscrito.

BRAGANÇA, Dom Carlos Tasso de Saxe-Coburgo e. *Dom Pedro II em Viena – 1871-1877*. Florianópolis: Insular, 2010.

______. *A princesa flor – dona Maria Amélia*. Madeira: DRAC-Funchal, 2009.

______. "O ramo brasileiro da Casa de Bragança". Em *Anais do Museu História Nacional*, vol. XVIII, 1968.

______. "Pedro Peregrino na Terra Santa". Em *Revista do Instituto Histórico e Geográfico Brasileiro*, vol. 271, 1966a.

______. "As visitas de Dom Pedro II a Coburgo". Em *Revista do Instituto Histórico e Geográfico Brasileiro*, vol. 272, 1966b.

______. "Vultos do Brasil imperial na Ordem Ernestina da Saxônia". Em *Anais do Museu História Nacional*, vol. XII, 1961.

BRANDÃO, Pires. "O Imperador em Baden-Baden e a visita de Silveira Martins". Em *Revista do Instituto Histórico e Geográfico Brasileiro*, vol. 89, nº 152, 1925.

______; BRAUN, Richard & STÜBLER, Klaus (orgs.). *Harenberg, Komponistenlexikon*. Dortmund: Harenberg Lexikon Verlag, 2001.

BUSSMANN, Hadumod. *Die ungewöhnliche Geschichte der Therese Prinzessin von Bayern, 1850-1925*. Munique: Verlag C. H. Beck oHG, 2011.

CALMON, Pedro. *História de d. Pedro II*. Rio de Janeiro: José Olympio Editora, 1975.

CARVALHO, José Murilo de. *D. Pedro II – Ser ou não ser*. São Paulo: Companhia das Letras, 2007.

CELSO, Afonso. *O imperador no exílio*. Rio de Janeiro: Livraria Francisco Alves, 1893.

CORTE REAL, José Alberto. *Viagem dos imperadores do Brasil em Portugal*. Coimbra: Imprensa da Universidade, 1872.

CORTI, Egon Caesar Conte. *Unter Zaren und gekrönten Frauen*. Salzburgo-Leipzig: Verlag Anton Pustet, 1936.

DUARTE, Abelardo. *Dom Pedro II e dona Teresa Cristina nas Alagoas*. Maceió: Cepal, 2010.

ENTRES, Gottfried. *Gedenkbuch zur Jahrhundert-Feier deutscher Einwanderung in Santa Catarina*. Florianópolis: Livraria Central-Alberto Entres & Irmão, 1929.

FEUERSTEIN-PRASSER, Karin. *Die Deutschen Kaiserinnen (1871-1918)*. Munique: Piper Verlag GmbH, 2012.

FREYRE, Gilberto. *Nós e a Europa germânica*. Rio de Janeiro: Bras-Deutsch, 1987.

FUNKE, Alfredo. *O Brasil e a Alemanha: 1822-1922*. Berlim: Internacional, 1923.

GAMA, Visconde de Nogueira da. *Minhas memórias*. Rio de Janeiro: Livraria Moderna, 1893.

GARCIA, Rodolfo. "Viagens de D.Pedro II". *Em Revista do Instituto Histórico e Geográfico Brasileiro*, vol. 152, pp. 115-126, 1925.

GONÇALVES, Regina & ROSA, Regis Lima de Almeida. *D. Pedro II e o jornalista Koseritz*. Rio de Janeiro: Viajante do Tempo, 2010.

GOUVÊA, Fernando da Cruz. *O imperador itinerante*. Pernambuco: Cepe/Gov. do Estado de Pernambuco, 1978.

GRAÇA, Mário Quartin. *O imperador do Brasil em Lisboa (1871-1872)*. Lisboa: Thesaurus, 1982.

GREGOR-DELLIN, Martin. Richard Wagner: Sein Leben. Sein Werk. Sein Jahrhundert. Munique: Piper Verlag GmbH, 1980.

HARTMANN, Gerhard & SCHNITH, Karl. *Die Kaiser – 1200 Jahre europäische Geschichte*. Wiesbaden: Marix Verlag, 2006.

HINDEN, H. *Deutsche und Deutscher Handel in Rio de Janeiro, 1821-1921*. Rio de Janeiro: Paul Witte, 1921.

HUNSCHE, C. H. *Richard Wagner und Brasilien*. Berlim: Ferdinand Dümmlers Verlag Bonn, 1939.

ILG, Karl. *Das Deutschtum in Brasilien*. Viena: Eckart-Schriften, Heft 68, 1978.

KIENZEL, Florian. *Kaiser von Brasilien*. Berlim: Propyläen-Verlag-Berlin, 1942.

KRAUSE, Gustavo. "O imperador republicano". Em *Jornal do Comércio*, 10-1-2008.

LACOMBE, Américo Jacobina. *Ensaios históricos – Dom Pedro II e Wagner*. Rio de Janeiro: Academia Brasileira de Letras, 1993.

LYRA, Heitor. *História de Dom Pedro II*. 3 vols. Belo Horizonte: Livraria Itatiaia, 1977.

______. *História da queda do império*. São Paulo: Companhia Editora Nacional, 1964.

MACHADO-GUIMARÃES, Argeu de Segadas. *Dom Pedro II nos Estados Unidos*. Rio de Janeiro: Civilização Brasileira, 1961.

______. *Dom Pedro II na Escandinávia e na Rússia*. Rio de Janeiro: Livraria J. Leite Editora, 1941.

MARIZ, Vasco. "Dom Pedro II admirador de Wagner". Em *Revista do Instituto Histórico e Geográfico Brasileiro*, vol. 149, nº 360, 1988.

MONTEIRO, Mozart. "A família imperial". Em *Revista Instituto Histórico e Geográfico Brasileiro*, nº 152, 1925.

MELLO, Custódio de. *Vinte e um mezes ao redor do Planeta*. Rio de Janeiro, Cunha&Irmão Editores, 1896.

OBERACKER JR., Karl Heinrich. *Der Deutsche Beitrag zum Aufbau der Brasilianischen Nation*. São Paulo: Herder Editora Livraria, 1955.

PAKULA, Hanna. *An Uncommon Woman: The Empress Frederick, Daughter of Queen Victoria, Wife of the Crown Prince of Prussia, Mother of Kaiser Wilhelm*. Nova York: Simon & Schuster, 1995.

RAEDERS, Georges. *Dom Pedro II e os sábios franceses: prefácio de Tristão de Athayde*. Rio de Janeiro: Atlântica Editora, 1944.

RANGEL, Alberto. *Gastão de Orléans – o último conde d'Eu*. São Paulo: Companhia Editora Nacional, 1935.

REIBNITZ, Kurt von. *Gräfin Schleinitz-Wolkenstein*. Dresden: s/ed., 1931.

SANTOS, Francisco. "Aspectos da primeira viagem dos imperadores do Brasil à Europa e Egito (1871-1872)". Em *Revista do Instituto Histórico e Geográfico Brasileiro*, nº 188, 1945.

SCHWARCZ, Lilia Moritz. *As barbas do imperador, Dom Pedro II, um monarca dos trópicos*. São Paulo: Companhia das Letras, 1998.

SODRÉ, Alcindo. *Abrindo um cofre – cartas de dom Pedro II à condessa de Barral*. Rio de Janeiro: Livros de Portugal, 1956.

TAUNAY, Afonso d'Escragnolle. "A formação intelectual de D. Pedro II". Em *Revista do Instituto Histórico e Geográfico Brasileiro*, vol. 98, nº 152, 1938.

______. *Visconde de Taunay – Memórias*. Rio de Janeiro: Biblioteca do Exército Editora, 1960.

TEFFÉ, Tetra de. *Barão de Teffé, militar e cientista*. Rio de Janeiro: Serviço de Documentação Geral da Marinha, 1977.

TORRES, João Camillo de Oliveira. *A democracia coroada*. Petrópolis: Vozes, 1964.

WERNER, Helmut. *Die Deutschen Kaiser*. Hamburgo: Nikol Verlag, 2012.

Arquivos

Arquivo Histórico do Museu Imperial de Petrópolis.
Arquivo Grão-Pará, Petrópolis.
Arquivo do Instituto Histórico e Geográfico Brasileiro, Rio de Janeiro.
Geheimes Staatsarchiv. Preussischer Kulturbesitz, Berlim.
Archiv der Bayrischen Akademie der Wissenschaften, Munique.
Bayrisches Hauptstaatsarchiv, Munique.
Geheimes Hausarchiv, Munique.
Stadtarchiv, Munique.
Arquivo Ducal Saxe-Coburgo, Coburgo.
Staatsarchiv, Gotha.

Periódicos

Deutsche Auswanderer-Zeitung. Brema, 1-6-1871, 2-8-1871 e 9-9-1871.

Jornal de Coburgo, números 202, 204 de 1871; 214-216 de 1876; 230 e 231 de 1887.

Kreuz Zeitung, Berlim, 8-7-1871.

Novo Jornal da Prússia, ago. de 1871.

Índice Onomástico

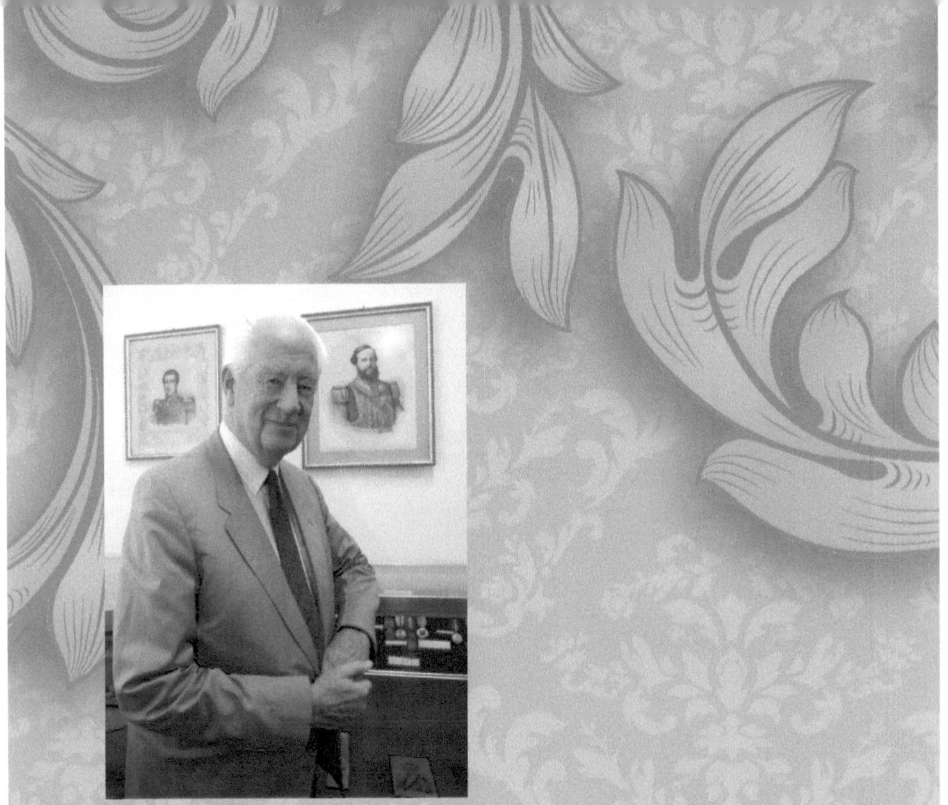

DOM CARLOS TASSO DE SAXE-COBURGO E BRAGANÇA realizou estudos no Colégio Santo Ignácio e na Pontifícia Universidade Católica do Rio de Janeiro.

Foi empreendedor no estado do Paraná e ocupou importantes cargos diretivos na indústria paulista.

Desde jovem dedicou-se ao estudo da História do Brasil, tendo divulgado muitos ensaios em revistas especializadas.

Tem vários livros publicados, entre os quais se destacam:

- *O ramo brasileiro da casa de Bragança* (MHN do Rio de Janeiro);
- *Vultos do Brasil Imperial na Ordem Ernestina da Saxónia* (MHN do Rio de Janeiro);
- *O Imperador e a atriz: Dom Pedro II e Adelaide Ristori* (Universidade de Caxias do Sul);
- *A Princesa Flor Dona Maria Amélia: a filha mais linda de D. Pedro I do Brasil e IV do nome de Portugal* (DRAC, Funchal, Madeira. Prêmio 2010, 8º Conde dos Arcos, da Academia Portuguesa de História);
- *Dom Pedro II em Viena - 1872-1877* (Insular, Florianópolis, IHGSC);
- *D. Maria Amélia de Bragança* (QN – Edição e Contendas, S.A., Aveleda, Portugal);
- *A intriga: retrospecto de intricados acontecimentos históricos e suas consequências no Brasil Imperial* (Senac São Paulo).

É membro titular do Instituto Histórico e Geográfico Brasileiro, da Real Academia Espanhola e da Academia Portuguesa de História, além de outras entidades culturais.

D. Carlos é casado e pai de oito filhos.

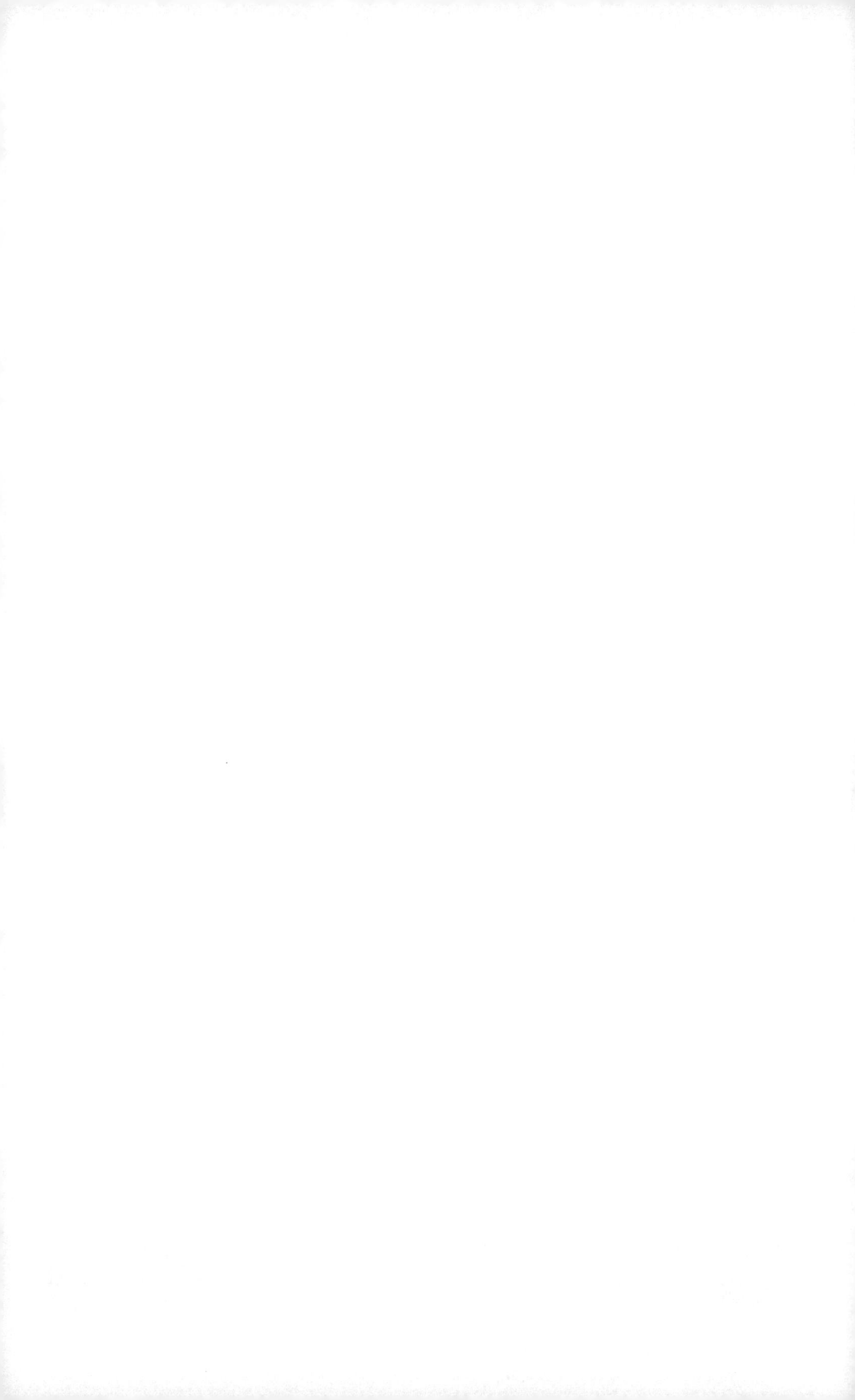

www.ingramcontent.com/pod-product-compliance
Ingram Content Group UK Ltd.
Pitfield, Milton Keynes, MK11 3LW, UK
UKHW041644190726
13854UKWH00006B/2690

9 786555 363357